Güneş Gezegeni Dizisi - 1

DIŞ DÜNYA GEZİSİ

Meltem Erinçmen Kânoğlu

Çikolata
yayınevi

DİZİNİN DİĞER KİTAPLARI

GÜNEŞ GEZEGENİ DİZİSİ - 2
ANİ SEL

GÜNEŞ GEZEGENİ DİZİSİ - 3
TOĞUM İZCİLERİ

GÜNEŞ GEZEGENİ DİZİSİ - 4
VADİDEKİ YERLEŞKE

Meltem Erinçmen Kânoğlu

Güneş Gezegeni Dizisi - 1

DIŞ DÜNYA GEZİSİ

Resimleyen: Başak DEMİR

Çikolata yayınevi

Çikolata Yayınevi: Fıstıklı Çikolata Serisi - 10 Yaş Üzeri

Bilim Kurgu Roman

GÜNEŞ GEZEGENİ DİZİSİ - 1
DIŞ DÜNYA GEZİSİ

Meltem Erinçmen KÂNOĞLU

Çizer: Başak DEMİR

Editör: İlknur KALAY

Mizanpaj: Aslı YAVUZ

Kapak: Gökmen KAYA

6. Baskı
İstanbul, Kasım 2016

ISBN: 978-605-5082-06-2

Yayıncı Sertifika No: 31116

İmtiyaz Sahibi:
Çikolata Yayınevi Basım Yayım Tic. ve Eğitim Hizmetleri Ltd. Şti.

Sorumlu Yazı İşleri Müdürü: Osman Erhan Kânoğlu

Çikolata Yayınevi Basım Yayım Tic. ve Eğitim Hizmetleri Ltd. Şti.
Molla Gürani Mh. Lütufpaşa Sok. No:48/A Fatih/İSTANBUL
Tel: 0212 532 00 98 • Fax: 0212 491 10 75
www.cikolatayayinevi.com
www.gunesgezegeni.com
cikolatayayinevi@gmail.com
www.facebook.com/1.Gunes.Gezegeni

Baskı:
Ege Reklam Basım Sanatları San. Tic. Ltd. Şti.
Esatpaşa Mah. Ziyapaşa Cad. No:4
34704 Ataşehir / İSTANBUL
Tel: 0 216 470 44 70 • Faks: 0 216 472 84 05
www.egebasim.com.tr

Matbaa Sertifika No: 12468

Oğlum Korcan'a...

Meltem Erinçmen Kânoğlu

Meltem Erinçmen Kânoğlu, 1970 yılında Bursa'da doğdu. İlkokulu İstanbul'da, ortaokul ve liseyi Kuwait American School'da okudu. Lisans öğrenimini İstanbul Üniversitesi Edebiyat Fakültesi, Amerikan Kültürü ve Edebiyatı Bölümü'nde, yüksek lisansını, Boğaziçi Üniversitesi Mütercim Tercümanlık Bölümü'nde tamamladı. Marmara Üniversitesi, Sosyal Bilimler Enstitüsü'nden İletişim Bilimleri doktora derecesi aldı. 2013 yılında doçent oldu. Hâlen Yeditepe Üniversitesi İletişim Fakültesi, Radyo Televizyon ve Sinema Bölümü'nde öğretim üyesi. 2006'da TRT1 Radyosu Çocuk Bahçesi Programı'nda yayınlanmış ***Genç Arkeologlar*** adlı on bölümlük bir radyo oyunu ile ***Dış Dünya Gezisi, Ani Sel, Tohum İzcileri*** ve ***Vadideki Yerleşke*** başlıklı dört kitaptan oluşan ***Güneş Gezegeni*** adlı, sekiz yaş üzeri için yazdığı bir roman serisi, altı yaş üzeri için yazdığı ***Tumburluplar*** ve ***Koca Ayak Mut*** adında öykü serisi var. Yazmayı sürdürüyor.

Başak DEMİR

1997 tarihinde İstanbul Fatih doğumlu Başak demir, liseyi Avni Akyol Güzel Sanatlar Lisesi'nde okudu. Birçok resim yarışması kazandı. Halen Marmara Üniversitesi, Güzel Sanatlar Fakültesi Grafik Bölümü'nde öğrenimine devam etmektedir.

1. Bölüm

Can, bileğindeki saate benzeyen atenölçeri (atık ve enerji ölçer) banyonun kapısının hemen yanındaki alıcıya tuttu. Alıcının mini ekranında "Can Marmara" diye yazdığında kapı yana doğru kendiliğinden açıldı. Güneş gezegeninde herkes buna alışıktı. Herkesin kolunda bir bilekliği vardı, çünkü bunu taşımak bir insanlık göreviydi. Çocuklar doğar doğmaz bu bileklik koluna takılıyordu. Bilekliği takmak sanki onlara kimlik vermek gibi bir şeydi ama aslında onlara bir numara veriliyordu.

Bilekliğin iki işlevi vardı: Birincisi, yakıtla çalışan ve karbon gazı ile karışık diğer gazları atmosfere atan ısıtıcı, soğutucu, taşıt ve ocak gibi aletlerden çıkan atığı hesaplayıp DOKOR Merkezi'ne (Doğayı Koruma Merkezi) iletiyordu. Bilekliğin ikinci işlevi ise tuvalet kullanımıyla doğaya atılan atığı, yıkanırken veya temizlik yaparken kullanılan suyu hesaplamak ve DOKOR Merkezi'ne göndermekti. DOKOR Merkezi'nde hesaplanan bireysel kullanım ve atık, aylık olarak insanların adına fatura ediliyor ve bilekliklerinde ödemeleri gereken miktar belirtiliyordu. Böylece, Güneş Gezegeni'nin doğal yapısı 100 yıl öncesine döndürülmeye çalışılırken, bireyler de enerjiyi ve suyu dikkatli kullanarak ve atıklarını ölçüp doğaya verdikleri zararı onarsınlar diye aylık olarak ödeme yapıyorlardı. Hükümetler bu parayla yeni su arıtma ve su üretme tesisleri ile ağaçlandırma çalışmaları yapıyordu.

Can, üzerindekileri çıkardı ve beş dakikalık zaman ayarı olan duşu açıp yıkandı. Suyu kapatınca, musluğun üzerinde yanıp sönen bir düğmeye basarak, duş kabininin altındaki bir bölmede birikmiş olan sabunlu kirli suyu daha sonra sifonda kullanmak üzere, evin altında inşa edilmiş atık su deposuna gönderdi.

Dersin başlamasına az kalmıştı. Kahvaltı etmek istiyorsa acele etmeliydi. Saç kurutmak yasaktı çünkü bu işlem çok elektrik harcıyordu. Bu yüzden herkesin saçı kısaydı. Erkekler de traş olmasınlar diye yüzlerine tüy çıkmasını engelleyen, çölde yetişen okalupi bitkisinin özünden yapılan bir losyon sürüyorlardı. Böylece, traş olmak için su harcanmamış oluyordu.

Odasına giden Can, annesinin yatağının üzerine koyduğu, bir hafta süre ile kullanacağı pantolon ve tişörtü giydi. Giyecek üretmek ve yıkamak doğayı fazlasıyla kirlettiği için herkesin dört takım giysisi vardı ve giysiler, üzerinde bir hafta varolabilen, nanoteknik adı verilen, kirleri emerek enerji elde eden, mikroskobik elektronik aletler tarafından temizleniyorlardı. Bir haftanın sonunda giysiler servise gidiyor ve nanoteknikler, çamaşır makinesinin harcadığının milyonda biri kadar enerji ile şarj edilip tekrar giysilerin üzerine yükleniyorlardı.

Can tekrar saatine baktı. Eğer evden hemen çıkmaz ve okula koşmazsa coğrafya dersine geç kalacaktı. Coğrafya en sevdiği dersti ve bugün, Deniz Öğretmen "yakın dönem iklimsel değişiklikler" bölümüne başlayacaktı. Eğer geç kalırsa, yaşadığı gezegenin nasıl birçok bitki ve hayvan türünü barındırırken bugünkü çölden bir küre hâline geldiğini öğrenemeyecekti. Ayaklarına kauçuktan yapılan ve eskidiğinde doğaya dönebilen ayakkabılarını giyip mutfağa koştu. Dolaptan, her öğün gördüğü bölmeli cam tabakta belli gramlarda iki günlük olarak evlere getirilen üç farklı besinin ikisini çıkarıp yedi. Bugünkü kahvaltı menüsünde bir elma, 150 gram mısır gevreği ve bir bardak süt vardı. Yüzyıl öncesine göre şimdi sebze ve meyve üretimi biraz daha fazlalaşmıştı çünkü insan ve hayvan dışkıları geri dönüştürülüp verimli toprak hâline getiriliyordu ve özel bir fanus içinde gezegenin çok sıcak olmayan bölgelerinde tarım yapılıyordu. Yine de gereğinden fazla üretim ve tüketim yapılmıyor, böylece, tekrar yapılandırılmaya çalışılan doğanın dengesi korunmaya çalışılıyordu. Bu yüzden, insanların evde yemek yapması yasaktı. Besin tüketimi, devlet tarafından kontrol altında tutularak her aileye ve okula belli miktarlarda dağılıyordu. Bu şekilde, hem sebze, meyve ve yemeklerin buzdolaplarında unutularak bozulup atılması önlenmiş oluyordu hem de herkesin gerekli besinleri gerektiği kadar yiyerek sağlıklı beslenmesi sağlanıyordu. Can bir an için elmayı ağacından koparıp yemenin nasıl bir şey olabileceğini düşündü ama bunu anne ve babası bile bilmiyordu.

Anne ve babası çoktan işe gitmişti. Bu yüzden kapıyı dikkatle kapattı ve okula doğru koştu. Elmasını yememişti çünkü bugün Nazlı'nın doğum günüydü, elmayı ona armağan olarak verecekti. Sonra da ona, "Kız arkadaşım olur musun?" diye soracaktı. On iki yaşındaydı ama okula başladığı günden bu yana Nazlı'dan hoşlanıyordu. Hele de kısa oldukları hâlde uçları bukle bukle olan saçlarına bayılıyordu. Okula girdiğinde zil de çalmıştı. Sınıfa en son o girdi ve Nazlı'ya göz ucuyla baktı. Kız ona gülümsediğinde ise neredeyse kalbi dışarıya çıkacaktı. Yerine oturduğunda Deniz Öğretmen'in kendisine gülümsediğini fark etti ve düşüncelerini anlamış olabileceğini düşünerek korku ve utançla genç öğretmenin yüzüne baktı ama onun derse başlaması ile aklındaki her şey silindi. Şimdi gezegeninin nasıl bu hâle geldiğini öğrenecekti. Dahası bir çöl olmadan önceki hâlini gösteren resim sergisini görecekti. Can o kadar heyecanlanmıştı ki Nazlı'nın onun masasına bir not bıraktığını çok sonra fark etti. Notta, eski dünya resim sergisini beraber gezmeyi teklif ediyordu Nazlı. Can ona bakıp "evet" dercesine başını salladı ve dersi dinlemeye başladı.

Deniz Öğretmen çok tatlı bir kadındı. Can onun bir oğlu olduğunu biliyordu. Kendisinin bir kardeşi olmasını ne kadar da çok isterdi ama yeni gezegen kanunlarına göre her aile bir çocuk sahibi olabiliyordu. Bunun nedeni daha az tüketim, atık ve enerji kaybı için nüfus artışının kontrol altında tutulmasıydı. Birkaç akşam önce, annesini ve babasını gezegeni iyileştirme işlemi bu hızla giderse Can'ın neslinin iki çocuk sahibi olabileceği hakkında konuşurken duymuştu. Kesinlikle birden fazla çocuğu olsun istiyordu. Böylece, akşam 10'dan sonra ışıklar otomatik olarak kesildiği zaman yataklarına yatar ve birbirleriyle konuşabilirlerdi. Oysa Can'ın yapabildiği tek şey düşünmekti. Çoğunlukla da içinde yaşadıkları dev fanustan çıkıp açık havada koştuğunu düşünüyordu. Gezegenin gerçek toprağına basmak, hiç görmediği ve dokunamadığı deniz ve okyanus suyuna dokunmak istiyordu. Tabii son zamanlarda Nazlı'yı da fazlaca düşünür olmuştu.

"Can! Can!" diye bir ses duydu. Düşüncelerinden uyanınca, arka sırasında oturan en yakın arkadaşı Emre'nin kendisine seslendiğini fark etti ve onu daha iyi duymak için arkasına yaslandı. "Can!"

Can, "Seni duyuyorum, sessiz ol biraz. Başımızı derde sokacaksın." diye azarladı arkadaşını.

"Tamam. Bak ne diyeceğim?"

Emre böyleydi işte. Diyeceği bir şey varsa onu evirip çevirip söylemeye bayılırdı. Bu yüzden de okuldaki çocukların çoğu ona dayanamaz ve arkadaşlık etmezdi. Emre'nin fazla arkadaşı olmamasının bir nedeni de Can gibi onun da bir ders delisi olmasıydı. Diğer çocuklar ikisini kendilerinden farklı görürlerdi, bu yüzden onları eğlenceli etkinliklere çağırmak yerine onlardan kendilerine derslerinde yardımcı olmalarını isterlerdi. Diğer çocukların Emre'ye dayanamamalarının bir başka nedeni ise annesinin gereğinden fazla dikkatli ve temkinli olmasıydı. Emre de annesinin bu huyundan sıkılıyordu. Bir keresinde, babasının annesi için "paranoyak" dediğini söylemişti. Yine de iyi bir kadındı. Onlara eski dünya ile ilgili bir sürü hikâye anlatırdı. Bazen de şimdiki zamanda olan fırtınalardan, hortumlardan, sellerden, sıcaktan korunmak için yerin altına yerleşen hayvanlardan ve onların nasıl değişim geçirip korkunç ve tehlikeli yaratıklar hâline geldiğinden bahsederdi.

"Ne diyeceksen çabuk de Emre, dersi dinlemem gerek!" diye fısıldadı Can sıkıntı içinde.

Emre heyecanla, "Duydun mu?" diye fısıldadı.

"Neyi?" diye sordu Can.

"Gelecek hafta, gerçek dünyayı görmek için fanus dışına gezi varmış."

Can birden çok heyecanlandı. "Yapma ya!" diye biraz yüksek sesle konuşunca da Deniz Öğretmen onu duydu.

"Bizimle paylaşmak istediğin bir şey var galiba Can?" diye sordu Deniz Öğretmen. Can, buna cevap vermesi gerektiğini biliyordu ve Nazlı'nın da kendisine baktığını görünce utanarak yanıt verdi.

"Fanus dışı gezi varmış da öğretmenim, çok heyecanlandım. Özür dilerim."

"Evet, var. Derste anlatacaklarımı iyi dinlerseniz gelecek hafta yapacağımız gezide göreceklerinizi daha iyi anlarsınız. Değil mi Can?" diye uyarırcasına sordu öğretmen.

Can bu kez utançtan biraz kızararak, "Evet öğretmenim." dedi.

Deniz Öğretmen dersi anlatmaya başlayınca da aklındaki her şey uçup gitti ve nefesini tutarak eski dünyayı ve yeni dünyaya -yani Güneş Gezegeni'ne- dönüşüm sürecini dinlemeye başladı.

"Evet, çocuklar, Dünya'mız her zaman şimdi olduğu gibi değildi. Bugüne kadar hep, yüz yıllık bir değişim dönemini okumuştunuz ama şimdi daha öncelerini öğrenme zamanınız geldi. Beni dinlerken, eski dünya sergisini gezerken ve daha sonra yapacağımız fanus dışı gezi süresince hem üzülecek, hem şaşıracak, hem de sevineceksiniz. Üzüntünüz, müthiş güzellikte bir doğaya sahip insanların nasıl yeşil dünyanın dengesini bozup onu sömürdüğünü ve yok etmeye başladığını anlayınca olacak. Canlıların değişen yaşam koşullarına nasıl alışıp evrim geçirdiğini öğrenince şaşıracaksınız ve Dünya'yı kurtarmak için başka gezegenlerde yaşama olanağının imkânsızlığını keşfeden insanların şimdiki yaşam tarzımızı inşa etmek için gösterdikleri olağanüstü gayret, uzlaşma, birlik ve beraberliğini kavrayınca sevineceksiniz."

Deniz Öğretmen, hem soluklanmak hem de çocukların dersi dinleyip dinlemediklerini görmek için kısa bir süre sustu ve öğrencilerin yüzlerine baktı. Daha sonra derin bir nefes alıp arkasındaki duvarda duran dev ekranda bir film oynatmaya başladı. Film, ekranın yeşil renge bürünmesiyle başlamıştı. Kamera yeşilden uzaklaştıkça görünen nesnenin bir böcek olduğu ortaya çıktı. Yeşil bir böcek, kocaman yeşil bir yaprağın üzerinde yürümeye çalışıyordu. Sınıftan bir uğultu yükseldi. Deniz Öğretmen bu uğultuya müdahale etmedi hatta belli belirsiz bir şekilde gülümsedi çünkü her yıl 6. sınıf öğrencileri bu görüntü karşısında benzer sesler çıkartırdı. Bunun nedeni ise çocukların daha önce hiç çekirge görmemiş olmasıydı. Deniz Öğretmen, bu şaşkınlık sesini diğerlerinin de izleyeceğini biliyordu.

Film devam ettikçe, bütün sınıf büyülenmiş gibi seyrediyordu. Hiç görmedikleri bu eski dünya, onlara sanki yabancı, uzayın farklı bir yerinde bir gezegeni keşfediyorlarmış gibi hissettirmişti. Orman denen geniş ağaçlıklı alanları, çeşit çeşit hayvanları, mavi beyaz gökyüzünü, hayal bile edemedikleri kar denen oluşumu, baharda ağaçların farklı renklerde çiçek açışını, adlarını bile bilmedikleri sebze ve meyveleri, yüzde seksen beşini çöllerin kaplamadığı dünyayı gördükçe içlerinde tarif edemedikleri, adını koyamadıkları bir istek duydular. Ekranda gördükleri renkli dünyada olma isteğiydi bu. Uydudan çekilen mavi, beyaz ve yeşil renklerin hâkim olduğu bir resim belirdi. Çok güzel bir resimdi...

Birdenbire ekranda insanlar belirdi ve fondaki renkler solmaya, grileşmeye başladı. Birkaç saniye önce gördükleri kıvrıla kıvrıla akan akarsuların yerini arkalarından karbondioksit ve karbonmonoksit gazları çıkaran araba seli almıştı. Dikkatli bakınca dumanın kaynağının yalnızca arabalar olmadığı fark ediliyordu. İnsan ve araba kalabalığının arkasında uzun uzun bacalardan yoğun, kara duman yükseliyordu. İnsanların yüzü asıktı ve çevredeki hayvanlar da biraz önce gördükleri parlak renklerini yitirmişlerdi. Sonra, arkalarında kepçeye benzeyen parçaları olan sarı renkli bir sürü araç, büyük bir ormanı kesmeye başladı. Bir saniye sonra da eskiden ormanın olduğu yerde inşa edilen bir sürü bina yansıdı ekrana. Orman yok olmuştu. Bir uçağın havaya bıraktığı beyaz duman ise çok güzel görünüyordu ama uzun süre orada kalmasının herhalde zararlı bir etkisi vardı.

Birden film durdu. Deniz Öğretmen ışıkları açtı. Hepsinin gözü parlak floresan lambadan kamaşmıştı. Deniz Öğretmen, "Evet izlediğiniz gibi oldukça renkli bir filmdi. Ama bu üç bölümlük bir belgeselin birinci bölümüydü. Bir sonraki derste bu filmin üzerine konuşacağız. Bu akşamki ödeviniz ise, filmde gördüğünüz dünyayı bana 350 sözcükten oluşan bir kompozisyonla anlatmak. Duygularınızı, gözlemlerinizi ve filmin ikinci bölümünde ne olacağına dair tahminlerinizi yazabilirsiniz." dedikten hemen sonra zil çaldı.

Nazlı, Emre ve Can sınıftan çıkıp koridordaki dolaplarına gittiler. Bir sonraki ders için kitap değiştireceklerdi. Dolapları yan yanaydı. Bu yüzden, ders aralarında sohbet edecek fırsatları vardı. Nazlı, sınıftaki diğer kızlarla zaman geçirmeyi sevse de kendisiyle benzer zevkleri ve ortak ilgi alanları olduğundan Can ve Emre ile beraber olmayı tercih ediyordu.

Nazlı, "Evimizdeki resimlerden, büyük büyük annemin demin gördüğümüz gibi bir dünyada yaşadığını biliyorum. Ne kadar da güzelmiş değil mi?" dedi. Geçmişte kalan dünyaya karşı bir ilgi ve sevgisi olduğu sesinden belliydi.

Emre ise her zamanki takıntılı haliyle, "Aman Nazlı, baksana ne kadar kirli bir yer. Nefes alacak hava bile bitmiş." dedi yüzünü buruşturarak.

Can hiçbir şey söylememişti. Arkadaşlarına bakıyordu sadece. Emre elini Can'ın gözlerine tutup salladı ve, "Hu, neredesin? Galaksiler arası gezinden dön artık!" diye takıldı.

Can ise gülümsemekle yetindi. Arkadaşları akşam yazacağı ödevi için ona fikir vermişlerdi. Ders zili çaldığında matematik sınıfına doğru ilerliyorlardı. Yerlerine oturduklarında arkasından "Dalga" diye adlandırdıkları ve sınıfın olduğu kadar okulun da zorbası olan Doğan, Nazlı'ya doğru yaklaştı. Hiç de hoş olmayan bir tavırla, kızın yanağından makas aldı.

"Uff, yapma şunu!" dedi Nazlı kızgın bir şekilde, ama Doğan yılışık bir tavırla gülümseyerek bir makas daha aldı.

Can çok sinirlenmişti. Doğan'ın arkadaşları Mert ile Burak'ın da yüzünde arsız bir gülümseme belirince Can'ın yüzü sinirden kızardı, gözleri kocaman açıldı ve kaşları çatıldı. Nazlı onun bu halini görüp, "Sakin ol Can." dedi ama sözlerine devam edemedi çünkü Can çoktan Doğan'ın kolunu yakalamış ve onu itmişti.

"Vay! Demek küçük Can büyümüş de sevgilisini koruyormuş!" diye alaylı bir şekilde konuştu Doğan.

Can, "Bana bak!" diye ona doğru bir hamle yapınca Emre onu kolundan çekti.

"Ne?! Bana kafa mı tutuyorsun?" diye diklendi Doğan

aynı alaycı tavırla. "Sen daha ilk adımını atmadan seni sinek gibi ezerim."

Nazlı, "Haydi Can, bırak onu." dedi. Doğan'a kısa bir bakış atarak da devam etti. "Onun ne kadar dengesiz olduğunu bilmiyor musun?"

Can kendisini zor tutuyordu ama kolunun üzerindeki Nazlı'nın eli onu bir nebze de olsa sakinleştirmişti. Yavaşça sırasına döndü.

"Hah şöyle, pisi pisi yerine otur!" dedi Doğan.

Can tam cevap verecekti ki matematik öğretmeni Osman Bey içeri girdi. Karga burnunun üzerinde parlayan birbirine yakın gözleri, onu hem komik hem de korkunç yapıyordu. Âdeta bir kartalın karikatürü gibiydi. Osman Bey'i görünce Doğan ve arkadaşları hemen yerlerine oturdu. Birkaç defa disipline gönderdiği ve uzaklaşma cezası aldırdığı için Doğan, Osman Bey'den hiç kimseden korkmadığı kadar çok korkardı.

Osman Öğretmen, tahtanın önündeki yerini alıp derse başlayınca Nazlı, Can'a döndü ve ona gülümsedi. Emre de onu görmüştü ve Can'ın omzuna "aferin" dercesine vurdu. Can kendisiyle pek gururlandı. Bütün ders boyunca, Nazlı ile gezeceği Eski Dünya Resim Sergisi'ni düşündü. Ders biterken aklına evden çıkmadan çantasına koyduğu elma geldi. Öğle yemeği sırasında kafeteryada o güzel kırmızı elmayı Nazlı'ya vermeyi unutmamalıydı.

Teneffüs zili çalınca, Doğan ona ters bir bakış attı ve arkadaşlarıyla sınıftan çıktı.

Nazlı, Can'ın dikkatini dağıtmak için, "Sergi'yi yarın sabah mı gezecektik?" diye sordu. Bir yandan da Doğan'ın sınıftan çıkışını seyrediyordu.

"Evet." diye atıldı Emre.

Nazlı ona kızgın kızgın baktı ve, "Teşekkürler." dedi. Emre omuzlarını silkti ve kitaplarını çantasına yerleştirdi. Kitaplar her sene el değiştirdiğinden, parçalanmak üzereydiler. Bütün çocuklar, kitapları çantalarına büyük bir özenle yerleştiriyorlardı çünkü yeni kitap basmak özel izinle olabiliyordu. Böylece zaten sınırlı sayıda olan ormanlar korunabiliyordu.

Bir sonraki dersleri fen ve teknolojiydi. Bunu hatırlayınca Can'ın keyfi yerine geldi. Proje olarak radyo yapıyordu. Eski tip bir radyo oluyordu ama çalışacağı günü heyecanla bekliyordu. Birdenbire içi enerji doldu ve, "Haydi, gidip buluş yapalım!" dedi.

"İşte benim arkadaşım!" diye bağıran Emre, kapıya yönelen Can ve Nazlı'nın peşine takıldı.

Fen dersinden sonra öğle yemeği için okulun yemekhanesine gittiler. Yemekhane çok kalabalıktı. Doğan ve arkadaşlarından uzak bir masa bulan üç kafadar, yemek tepsileriyle yerlerine yerleştiler. Emre, tepsideki keke büyük bir iştahla bakıyordu. Daha kimse yemeğe başlamadan Emre, kekini bitirmiş, Can'ın tepsisine gözünü dikmişti.

Can, "Sakın kekimi almayı düşünme!" diye uyardı arkadaşını.

Emre, "Ama sen kek sevmezsin ki!" diye sızlandı.

"Kim demiş? Ben bu keki çok severim."

"Bak ne diyeceğim?" Eliyle tepsideki ıspanak yemeğini göstererek, "Sen bunu al, ben de senin kekini alayım. Ha, ne dersin?" dedi ve Can'a şirin gözüksün diye gülümsedi.

"Sen kendi tepsindekileri ye. Sana kekimi vermeyeceğim!" diyerek aynı şekilde ona gülümsedi Can.

Nazlı bu konuşmayı yüzünde tatlı bir gülümsemeyle seyrediyordu. "Benimkini yiyebilirsin Emre." dedi en sonunda, arkadaşı daha fazla acı çekmesin diye. Emre bu daveti ikiletmeden, "Teşekkürler." diyip kek dilimini bir iki ısırıkta midesine indiriverdi.

Can, Emre'ye başını sağa sola sallayarak inanmaz gözlerle baktı. Nazlı ise Emre'nin oburluğuna gülüyordu. Hoşlandığı kızın neşeli ve güzel yüzüne bakınca Can'ın aklına ona vereceği elma geldi. Galiba elmayı vermenin tam zamanıydı. Elini çantasının içine soktu ve sabah okula gelirken büyük bir özenle parlattığı kırmızı elmayı Nazlı'ya uzattı.

Nazlı, Can'ın bu kibar hareketine önce şaşırdı, sonra utandı, kızardı, sonra da gülümseyerek onu Can'ın elinden aldı. Can'ın içi, Nazlı'nın parmakları kendininkilere değince bir hoş oldu. Emre bu manzarayı büyük bir merakla seyretti ve Can'ın kızardığını görünce de kahkahayı bastı. Tam, Can

Emre'ye kızgın bir bakış atıyordu ki, omzuna yediği bir şaplakla çenesi ıspanak yemeğinin içine girdi.

Bunu kimin yaptığını çok iyi biliyordu. Öfkeden kızaran gözlerini arkasında duran Doğan'a çevirince Osman Öğretmen'in çoktan olay yerine geldiğini ve Doğan'ı kulağından yukarıya doğru çektiğini gördü.

"Bazen eski yöntemler işe yarıyor." dedi Osman Öğretmen, Doğan'ın kulağını daha da fazla sıkarak.

Doğan'dan bir, "Ahh!" sesi gelince Can artık bir şey yapması gerekmediğini anladı. Görünen oydu ki Doğan bir disiplin cezası daha alacaktı. Emre, Doğan'a gülmeye başlayınca, Osman Öğretmen onu uyaran bir bakış atarak susturdu.

Doğan, müdürün odasının yolunu tuttuğunda ise Nazlı rahat bir nefes alıp "Layığını buldu işte!" dedi.

Mert ve Burak, Osman Öğretmen geldiğinde ortadan yok olmuştu. Belli ki arkadaşlığın anlamı bu ikisi için pek bir şey ifade etmiyordu. Birinin başı ne zaman belaya girse diğerleri ortadan kayboluyordu.

Emre bunun farkına vararak yüzünü ekşitmişti. "Pöh! Ne arkadaşlık ama? Şunlara bak, Osman Öğretmen'in Doğan'ı aldığını görünce nasıl da görünmez oluverdiler!" dedi.

Ders zili çalmıştı bile. Emre'nin dışında hiç kimse öğle yemeği yiyememişti. Nazlı gülümseyerek Can'a, "Elma için teşekkür ederim." dedi.

"Doğum günün kutlu olsun." diye yanıt verdi ona Can.

"Ne! Senin doğum günün mü?" Emre biraz üzülmüş gibiydi. "Ben de senin kekini yedim."

Nazlı gülümseyerek, "Olsun, ben elmayı daha çok severim Emre." dedi.

Emre biraz rahatlamış görünse de Nazlı'nın kekini yediği için kendisini suçlu hissettiği yüzünden belliydi. Can ise o an Nazlı'nın ne kadar iyi bir kız olduğunu ve kısa kıvırcık saçlarının çevrelediği yüzünün ne kadar güzel olduğunu düşünüyordu.

2. Bölüm

Sergi sarayı kocaman, ortasında devasa bir ağaç olan, yukarı eğimli bir şekilde ağacın çevresinde dönerek yükselen beş katlı bir binaydı. Koridorların ağaca bakan yeri balkon gibi inşa edilmişti ve dev ağacın yükseldiği zemindeki "Eski Dünya Botanik Bahçesi"ni görüyordu. Korkuluğun karşısında uzayıp giden dairesel koridorların duvarları, âdeta resimlerden oluşan bir duvar kâğıdı ile kaplanmış gibiydi.

Bir sergi rehberi önde, Can ve 6. sınıf öğrencileri arkada, son 150 yılı kapsayan fotoğraflardan oluşan sergiyi dolaşıyorlardı. Fotoğraflar, üç gündür sınıfta seyrettikleri belgesel filmini doğrular nitelikteydi. Artık içinde yaşadıkları ve şimdiye kadar çok güvenli ve normal görünen fanus içindeki hayatları, artık çocuklara uzun bir süredir dünyayı sömürüp yok olmanın kıyısına getiren atalarının yarattığı bir tutsaklık gibi geliyordu. Geçen yıl gittikleri, deniz canlılarını korumak için yapılan akvaryumdaki balıklardan farkları yoktu. Onlar da kendileri gibi dev bir fanusta yaşıyorlar, yemekleri belli miktarlarda veriliyor, akvaryumun ışıkları belli zamanlarda açılıyor ve kapanıyordu. Kendileri nasıl dönüşümlü su kullanıyorlarsa o balıklar da dönüşümlü suyun içinde yaşıyorlardı.

Her resimle Can'ın içi biraz daha burkuluyordu. Belgeselde gördüğü -sera gazları denilen- insan tüketimi kaynaklı gazların, karbondioksit gazıyla birlikte nasıl atmosferi kapladıkları, bu gazlar sayesinde güneşten gelen ısının ve radyasyonun nasıl dünyanın içinde kaldığı ve atmosferdeki sıcaklığı arttırdığı, sıcaklıkla birlikte buzulların erimesini, suların ısınıp yükselmesini, tatlı suların kurumasını ve kuraklığın nasıl önlenemez bir hızda arttığını, bu resimlerle daha da iyi anlamıştı.

Sergi sarayında yukarıya doğru yürürken resimlerin tarihleri de bugüne yaklaşıyordu. Bu resimler daha da kötü bir dönemi yansıtıyordu: Su Savaşları Dönemi'ni. Suları daha çabuk tükenen ve kuraklık içinde yok olmak istemeyen bazı bölge insanları, yaşayabilmek için başka ülkelerin suyuna sahip olmak isteyerek savaşmaya başlamıştı. Zaten kuraklık yüzünden ortaya çıkan açlıktan ve salgın hastalıklardan kaynaklanan ölümlere bir de savaşla gelen ölümler de eklenmişti. Can, savaş yıllarında çekilen ve kızıl rengin ağırlıklı olduğu fotoğraflardan çok etkilenmişti. Kendi kendine, "Doğa mı daha acımasız yoksa insanlar mı?" diye sormuş, derin düşüncelere dalmıştı.

Sergi sarayının üst katında ve resim sergisinin son bölümünde ise fanus hayatlarının nasıl inşa edildiği, ülkelerin nasıl küresel ısınmanın pençesinden kurtulmaya çabaladıkları ve ortak bir anlaşmayla, her ülkenin fanus bölgeler inşa edip dünyanın havasını, suyunu, madenlerini ve ormanlarını nasıl koruyup iyileştirmeye çalıştıklarına dair çekilen fotoğraflar vardı. Dünya liderlerinin artık savaşmanın yersiz ve yetersiz olduğunu anladıkları bir an gelmiş ve teknolojiyi savaş silahları yapmak yerine, doğayı eski hâline getirmek için kullanmaya karar vermişlerdi. Şimdi yaşadıkları, fanus ülkelerden oluşan dünyayı kurmak tam olarak 78 yıl sürmüştü, yani dünyayı tüketmekten daha uzun bir sürede yaşayabilecekleri bir alan inşa edilebilmişti. Teknoloji, insanların temel ihtiyaçlarını karşılamak üzere ve doğanın dengesini bozmayacak derecede kullanılıyordu artık. Yirminci yüzyılın sonu ve yirmi birinci yüzyılın başındaki o teknoloji şımarıklığı da sona ermişti.

Can, binanın en üst katında, koridorun sonundaki son resmin hemen yanında dışarıya açılan pencereden fanusun ötesine, dış dünyanın uçsuz bucaksız görünen kuru, çatlak ve kızıl-sarı topraklarına baktı. Sert fırtınaların birdenbire çıktığı dış dünyada, sert rüzgârlardan yararlanmak için yapılan, ülkenin elektriğini üreten rüzgâr değirmenleri, belgeselde gördüğü kuşların yerine uçuyor gibiydiler artık. Can çok üzülmüştü. Dünyayı eski hâline getirmek kaç yıl alacaktı kim bilir?

Elektrikle çalışan okul otobüsüne binerken bütün öğrenciler sessizdi. Anlaşılan fotoğraflardan etkilenen bir tek Can değildi. Hatta Mert ve Burak bile sessiz ve düşünceli görünüyordu. Yalnızca Doğan, sergiye kayıtsız kalmış gibiydi. Elindeki aletten kulaklarına uzanan bir kabloya bağlı kulaklıktan bir şey dinliyor ve kafasını sağa sola oynatıyordu. Emre, cam tarafında oturan Can'a baktı ve kaşlarını çatarak diğer yanda oturan Doğan'a doğru eğildi.

"O alet pille mi çalışıyor?" diye sordu sertçe.

"Evet, ne olmuş?" diye diklendi Doğan.

"Pil kullanmak kanunlara aykırı." diye uyardı Emre.

"Sen işine bak!" dedi Doğan çenesini kaldırarak.

"Fotoğraflardan ve belgeselden bir şey öğrenmedin mi sen?" diye yükseltti sesini Emre.

Bunun üzerine Doğan, oturduğu yerden hırsla ayağa kalktı ve Emre'nin kolunu arkaya doğru burktu. Emre'nin acıyla inlemesine dayanamayan Can, Doğan'ı koltuğuna iterken elindeki pilli müzik çaları da alıp yere attı. En az 100 yıllık olan ve uzun süre önce pilin yasaklanmasıyla birlikte kullanımına son verilen alet küçük parçalara ayrılmış, içindeki piller de otobüsün önüne doğru yuvarlanmıştı. Osman Öğretmen ayağına çarpan pili görünce yere eğildi, zehirli bir böceği eline alırken göstereceği bir dikkatle onu yerden aldı ve büyük bir öfkeyle Can ve Doğan'a döndü.

"Bu kimin?" diye kükredi. Hiç kimseden ses çıkmayınca, "Bu kimin diye sordum!" diye bir kez daha kükredi.

İki sıra önde oturan Nazlı, Can'a ve Emre'ye baktıktan sonra ayağa kalktı. Emre kafasını sağa sola sallayarak, "yapma" der gibiydi ama Nazlı, Doğan'ın gözlerine dik dik bakarak, "Doğan'ın öğretmenim." dedi.

Doğan ona kızgın bir şekilde bakıyordu ama Osman Öğretmen bir iki adımda çocuğun yanına geldi ve onu kolundan yakaladı. Kulağına, "Başın büyük bir dertte!" diye tısladı. "Artık seni okuldan attırabileceğim!" diye devam etti. Sonra da Doğan'ın korkudan koltuklarına sinen iki arkadaşına sert bir bakış attı ve kimsenin oturmaya cesaret edemediği yere, Doğan'ın yanına oturdu. Bundan sonra, okula varana kadar otobüsün içinde çıt çıkmadı. Sadece Can, kendisine bakan Nazlı'ya onu destekler bir biçimde gülümsemişti. Yine de Doğan'ın başlarına ne gibi bir sorun açacağını düşünmeden edemiyordu.

Eve döndüğünde Can'ın içinde bir sıkıntı vardı. Doğan'ın kendileriyle uğraşacağından adı gibi emindi. Tek ümidi okuldan atılması veya uzunca bir süre uzaklaştırılmasıydı.

Akşam yemeği sırasında sıkıntılı ve suskun hâli devam edince annesi endişelendi.

"Neyin var Can? Hasta mısın oğlum?" diye sordu. "Kanına bakmamı ister misin?"

Can, küçük bir aletle parmağından alınan kanı görünce içi kötü oluyordu. Bu yüzden, kan tahlili ile hastalık tespiti yapan küçük aletin üzerinde kullanılmasından pek hoşlanmıyordu.

"Hayır, anne. Hasta değilim." diye yanıt verdi annesine.

Annesi bir süre ona baktıktan ve eliyle ateşi var mı diye alnını yokladıktan sonra ikna olup cam tabaktaki patates püresinden bir çatal aldı. "Yine de bir sıkıntın var gibi..." dedi.

Annesinin karşısında oturan ve büyük bir iştahla yemeğini yiyen babası da oğlunun yüzüne dikkatle baktı. "Ne oldu Can? Okulda bir şey mi oldu?" diye sordu.

Can ailesinden bir şey saklayan çocuklardan değildi. Daha önce de sıkıntılı zamanlarında ona akıl vermişler ve zor durumlardan kurtulmasına yardımcı olmuşlardı. Her durumda onlara güvenebileceğini biliyordu.

"Bugün Doğan pille çalışan müzik çalar dinlerken bize sataştı."

Annesi, "Pille çalışan müzik çalar mı? Yani walkman... O aletten hâlâ yapıyorlar mı? Anneannenin zamanında bile avuç içine sığan bilgisayarlı müzik çalarlar vardı. Bu çocuk nereden bulmuş ki o antika şeyi?" diye hayretle sordu.

"Emre dayanamadı ve pil kullanımının yasak olduğunu ona hatırlattı. Sonra..." diye devam etti Can.

"Eee... Sonra ne oldu, size vurdu mu?" diye sordu babası kaşlarını çatarak.

"Aslında ben..."

"Sen mi ona vurdun?" diye sordu annesi onaylamayan bir ses tonuyla.

Can, "Pek sayılmaz. O Emre'nin kolunu bükünce, ben de dayanamadım ve onun walkman'ini yere attım. Alet kırıldı ve pillerin biri Osman Öğretmen'in ayağına yuvarlandı. Öğretmen pilin kime ait olduğunu sorunca da Nazlı, Doğan'ı işaret etti. Sonra Osman Öğretmen, Doğan'ın yanına oturdu ve onu okuldan attıracağını söyledi." diye bir solukta olanları anlattı.

Babası, "İyi işte, o yaramaz çocuk büyük bir cezayı hak etmiş." dedi.

Annesi de, "Zaten hep sorun çıkartıyordu değil mi?" diye sordu.

Can, başıyla onayladı. "Ama bizi kesin rahat bırakmaz." diyerek de canını neyin sıktığını söyledi.

"Eğer size bir şey yapmaya kalkarsa hemen bize haber ver. Anne ve babasına durumu bildiririz." dedi Can'ın babası.

Can'ın içi biraz rahatladıysa da, Doğan'ın neler yapabileceğini düşünemeden edemiyordu. Hele Nazlı'ya zarar verebileceğini düşününce daha da endişeleniyordu.

Kendini zorlayarak yediği akşam yemeğinden sonra odasına çekildi. Biraz kitap okumak istiyordu. Bütün gün güneş enerjisiyle çalışan pervanelerle soğutulmaya çalışılan ev o kadar sıcaktı ki odasına girer girmez giysisini çıkardı, iç çamaşırlarıyla yatağına oturdu ve ışıklar kesilene kadar kitap okuma düşüncesiyle sabah yatağının üzerine attığı kitabı eline aldı.

Ne var ki kitaba bir türlü odaklanamıyordu çünkü aklında Doğan'a ne olduğu vardı. Büyük bir ihtimalle okuldan uzaklaştırılacaktı ama yine dönecekti. Can sıkıntıyla derin bir nefes aldı ve gürültüyle ciğerlerindeki havayı dışarı soludu.

Şimdilik elinden hiçbir şey gelmiyordu. Bu düşünceler aklını o kadar kurcalamıştı ki zamanın nasıl geçtiğini bilemeden ışıklar söndü. Artık uyumaktan başka yapacak bir şey yoktu.

Sabah, okul yine aynıydı ama Can'ın tahmin ettiği gibi Doğan sadece bir haftalık uzaklaştırma cezası almıştı. Osman Öğretmen'in ortalıkta çenesi yukarıda, gözleri şahin gibi bakarak yürümesinden uzaklaştırma cezasına katkısından gururlanmış olduğu belliydi. Can ve arkadaşları rahat bir nefes almışlar, gergin geldikleri okulda, Doğan'ın olmadığını görünce rahatlamış hatta neşelenmişlerdi.

Deniz Öğretmen'in dersi her zamanki gibi zevkli geçti. Dış Dünya'ya yapacakları geziden bahsetmiş ve nelere dikkat etmeleri gerektiğini öğrenmişlerdi. Dış dünyada hiçbir hayvana dokunulmayacaktı. Hava aşırı derecede sıcak olduğundan, yalnızca böcekler ve sürüngenler hayatta kalabilmişlerdi. Bunun nedeni, bu hayvanların, toprak altına kaçıp güneşin kavurucu sıcağından korunabilmeleriydi. Ne var ki, değişime uğradıkları süre içinde bazı korunma mekanizmaları da geliştirmişler ve birçoğu hayatta kalabilmek ve kendilerini koruyabilmek için zehirli hâle gelmişlerdi. İnsanlar kendilerine yaşam alanı kurabilmek ve hayatta kalmak için o kadar meşgullerdi ki henüz dış dünyadaki yeni tür hayvanlar üzerine araştırmalar geniş çapta yapılamamıştı.

Bir zamanlar yemyeşil alan olan çöllerde dolaşırken konvoydan ayrılmamaları için çocuklar uyarılmışlardı. Dış dünyada ansızın çıkan şiddetli fırtınalar kum öbeklerinin yerlerini durmadan değiştiriyor ve insanların yön bulma algısını olumsuz şekilde etkiliyordu. Bu gibi durumlarda, belli yerlerdeki tünel girişlerini bulup fırtına dinene kadar beklemeleri söylenmişti herkese. Kaybolma durumuna karşı, bütün çocukların atenölçerlerine küçük bir verici takılacaktı. Böylece, kaybolan çocukların yerleri vericiden gelen sinyaller izlenerek bulunabilecekti. Bu yüzden, kaybolan olursa, en yakındaki tünelin bulunması ve yardım gelene kadar beklenmesi gerektiği açıkça anlatılmıştı.

Can ve Emre bütün bu bilgileri büyük bir dikkat ve heyecanla dinliyorlardı. Emre, annesinin böyle bir geziye çıkmasına nasıl izin verdiğini hâlâ anlamış değildi. Kesinlikle bir çanta dolusu ilaç ve taşıması zor aletler verecekti oğluna. Deniz Öğretmen yanlarına fazladan su almaları gerektiğini söyleyince, Emre bu kez annesinin çantasına ne kadar su koyacağını düşündü. Zavallı Emre, arkadaşları her yere küçük çantalarla giderken o hep kocaman bir sırt çantasıyla yollara düşerdi.

Deniz Öğretmen girdaplardan, denizlerden, elektrik üreten rüzgâr değirmenlerinden ve oluşturulmaya çalışılan yeni ormanlık alanlardan bahsederken sınıftaki çocukların heyecanı doruk noktasına çıkmıştı.

Nazlı, gizleyemediği gülümsemesiyle Can'a baktı. Kısa saçlarının uçları yine kıvrılmıştı. Ne hoştu.

Fen ve teknoloji sınıfında, Emre çok ilginç bir alet geliştiriyordu. Onun bu icadı Fen Öğretmeni Lale Hanım'ı bile heyecanlandırmıştı. Emre müthiş fen bilgisiyle, atıldığında geri gelen "L" şeklindeki bumerang adındaki oyuncağa küçük bir kamera takmıştı. Bu alet, gökyüzüne atıldığında, ileriye doğru gidiyor ve çevredeki her şeyi kayıt ediyordu. Alet geri döndüğünde küçük ekrandan çekilen film izlenebiliyordu.

Nazlı'nın projesi ise biraz farklıydı. Nazlı, kurak ortamlarda su üretmeye çalışıyordu. Üzerinde çalıştığı bir öbek toprağın ortasına ufak bir çukur açmış, çukurun üzerine de okulun dönüşüm kutusundan aldığı bir naylon torbayı germişti. Torbanın üzerine ve tam ortasına küçük bir ağırlık yerleştirerek bir eğim yaratmıştı. Naylon eğiminin altına da bir kap yerleştirmişti. Sıcak havada toprak terleyince buharlaşan su torbaya doğru yükseliyor ve torbadan damlalar halinde kabın içine düşüyordu.

Can ise eski tip radyosunun üzerinde çalışıyordu. Yeni dünyada televizyon gibi fazla enerji tüketen aletler yerine yalnızca radyo gibi basit teknoloji ile çalışan kitle iletişim aracına izin verilmişti. Böylece insanlar habersiz kalmıyorlardı. Radyo yayınları 20. yüzyılın ortalarındaki ününe tekrar kavuşmuştu. Canların evinde en çok haberler, hava durumu ve radyo tiyatroları dinlenirdi. Can da bu çok sevdiği iletişim aletinin nasıl çalıştığını ve radyo dalgalarının nasıl iletildiğini merak etmiş, böylece radyoyu yaparken de radyo hakkında merak ettiği her şeyi öğrenmişti. Can'ın radyosunun eski tip radyolardan tek farkı, güneş enerjisi ile çalışıyor olmasıydı.

Herkes o kadar meşguldü ki birkaç ders saati boyunca

dış dünya gezisi unutuldu. Ne de olsa fen ve teknoloji dersi onlar için çok önemliydi çünkü içinde yaşadıkları fanus dünyada doğayı eski hâline getirebilmek için bilim adamlarına çok ihtiyaç duyuyorlardı. Artık dünyada insanlar ne kadar para kazanacakları ya da ne gibi bir unvan alacaklarını düşünmeden meslek seçiyorlardı. Bu meslekler dünyaya yardım edebilecek ve yaşam kalitesini yükseltecek türdendi. Yani, büyük büyük dedeleri gibi toprak kazanmak ya da daha zengin olmak için savaşmak yerine dünyayı nasıl daha iyi bir yer hâline dönüştürebileceklerini planlıyorlardı. İşte bu yüzden çocuklar fen ve teknoloji derslerini çok önemsiyorlardı.

3. Bölüm

Annesi büyük bir telaşla Emre'nin çantasını hazırlıyordu. Çantada yok yoktu doğrusu: ilaçlar, kremler, terlendiğinde su kaybını önlemek için içilen tuz tabletleri, düdük, güneş enerjisiyle çalışan fener ve Emre'nin gereksiz gördüğü bir sürü araç gereç... Emre de fen projesini koymuştu çantaya, aleti uçsuz bucaksız alanlarda test etme olanağı bulacağını düşünüyordu.

Emre tam annesinin paranoyasının bittiğini düşünüyordu ki onun kütüphaneden bir şey alıp koşarak geldiğini gördü. Annesinin elinde küçük bir kutu vardı. Emre merakla baktı. Çantada daha fazla ne taşıyabilirdi ki? Zaten herkesinkinden daha büyük bir çantası vardı. Diğer çocuklar kesinlikle ona gülecekti.

Annesi kutuyu açtı ve içinden bir harita ile yuvarlak, eski saatlere benzeyen bir şey çıkarttı. Emre bu küçük aleti ilk defa görüyordu. Harita nedir biliyordu, çünkü dedesi ünlü bir jeologdu ve ona haritalarını hep gösterirdi ama annesinin büyük bir dikkatle elinde tuttuğu küçük şeyin ne olduğunu bilmiyordu.

"Bu bir pusula." dedi annesi Emre'ye. "Bak, bu ucu her zaman kuzeyi gösterir." Kendi ekseninde hafifçe dönüp oğluna ibrenin nasıl hep aynı yeri işaret ettiğini gösterdi. "Eğer kaybolursan filan, ki bunu düşünmek bile seninle bu geziye

çıkmam gerektiğini düşündürüyor bana, bu aleti kullanarak yönünü bulabilirsin."

Her geçen an annesinin kendisiyle gelme niyetinin arttığını fark eden Emre, okulda alay konusu olmamak için bir an önce evden çıkması gerektiğini biliyordu. İlkokul yıllarında annesi okul gezilerine hep onunla gelmişti. Annesiyle birlikte okul gezilerine gelen tek çocuk olduğundan da arkadaşları onunla hep alay etmişlerdi. Zaten pek girişken olmayan Emre için bu durum çok can sıkıcıydı. Ama artık büyümüştü ve annesiyle okul gezilerine gitmek istemiyordu.

"Geç kalacağım anne!" diye mızmızlandı Emre.

"Şey... Eminsin değil mi? Ben de geleyim mi?" diye endişeyle sordu annesi.

"Anne, ben artık büyüdüm. Merak etme!" der demez, çantasını sırtına taktı ve kapıya doğru koştu.

"Dikkatli ol!" diye bağırdı annesi arkasından. "Sakın grubundan ayrılma!"

Kısa bir yürüyüşün ardından okula vardı. Can ve Nazlı onunki kadar ağır olmayan çantalarını sırtlamış onu bekliyorlardı. Emre koşar adım yürüdü ve sınıf arkadaşlarının arasına sırasına girdi. Okul hemşiresi hepsine sırayla aşı yaptı. Bu aşı onları terlemeden kaynaklanan tuz ve su kaybından koruyacaktı. Ayrıca, bir gece önce çocuklara birer tulum ve şapka verilmişti. Bu tulum vücut sıcaklığını soğuk ve sıcak havada hep aynı tutuyordu. Herkes tulumu giysisinin içine giymiş, şapkayı da kafasına takmıştı.

Sırada duran çocuklar arkadan birinin itmesiyle neredeyse öne doğru düşeceklerdi. Can arkaya hışımla döndüğünde, Doğan ve arkadaşlarının da sırada olduğunu görerek şaşırdı. "Senin ne işin var burada?" diye sordu kendini tutamayarak.

Ukalâ bir şekilde çenesini havaya kaldırıp çarpık bir şekilde sırıtarak, "Bensiz gideceğinizi düşünmemiştiniz değil mi?" diye sordu Doğan.

"Aslına bakarsan düşünmüştük!" dedi Nazlı başını dikleştirip.

Doğan, "O hâlde yanıldınız! Ha, bu arada dışarıda arkanızı kollayın!" dedikten sonra sıranın en sonundaki yerine döndü.

Öğretmenler ve dış dünya rehberi son hazırlıkları da yaptıktan sonra öğrencileri dış dünyaya açılan büyük kapıya götürdüler. Önce tavanında birkaç metre arayla yerleştirilmiş kocaman havalandırma pervanelerinin olduğu loş bir tünelden yürüdüler. Tünelin iki yanında bir sürü kapı vardı. Hepsinin üzerinde "Yalnızca yetkililer girebilir, tehlikelidir!" diye kocaman, kırmızı uyarı yazıları vardı. Çocukların heyecanı, bu loş tünelde ilerlerken tatlı bir korkuya dönüşmüştü. Yine de hep yaşadıkları güvenli fanustan dışarıya çıkmak harika bir duyguydu. Kimseden çıt çıkmıyordu.

Bir süre yürüdükten sonra, rehber herkesi durdurdu. Rehberin arkasında parlak bir kapı vardı. Kapının altındaki küçük aralıktan bir uğultu geliyordu. Herkesin gözleri korkudan kocaman açılınca rehber gülümseyerek bir açıklama yaptı.

"Korkmayın, şu anda dışarıda ani bir fırtına koptu. Bu da rüzgârın sesi. Dış dünyada çok sık olarak anî ve şiddetli fırtınalar kopar. Kum fırtınaları ve hortumlar çıkınca lütfen bulunduğunuz yerde, öne doğru çömelin ve başınızı dizlerinize çekin."

Rehber kapının yanındaki kocaman metal bir dolabı açarak, "Herkese ağzına takması için maske ve gözlük vereceğim. Fırtına sırasında rahat nefes alabilmek için bu maskeyi ve gözünüze kum kaçmaması için bu gözlüğü takın lütfen." dedi.

Çocuklar maske ve gözlükleri çantalarına koyup fırtına dininceye kadar yere oturdular. Daha dışarıya çıkmadan ayakta durup yorulmak yersizdi. Herkes pür dikkat kapının altından süzülüp içeriye sızan toza bakıyor ve rüzgârın korkunç sesini dinliyordu. Doğan bile hareket etmiyor ve konuşmuyordu.

Kısa bir süre sonra rüzgârın sesi kesildi. Rehber herkese kalkmasını söyledi. Ağır demir kapılar yana doğru ağır ve gürültülü bir şekilde açılırken, daha önce gökyüzünü karartmalı camın arkasından gören çocukların gözleri parlak güneşten kamaşmış ve acımıştı. Birçoğu farkında olmadan ellerini gözlerine siper yapmışlardı.

Rehber ile Deniz Öğretmen önde, doksan çocuk arkada ve en arkada iki öğretmen daha, yavaşça dışarıya çıktılar. Yer değiştiren kum tepeciklerinin içine bata çıka birkaç metre yürüdüler. Fanusun tavanı kocaman beşgen camların birleşmesiyle bir arı peteğine benzeyen cam bloklardan, tabanı da cam tavanı taşıyan dev metal direkleri tutabilmesi için betondan oluşuyordu. Bu yüzden çocuklar yalnızca yerleşim bölgelerinin belirli yerlerine yapılan yeşil parklarda gerçek toprak görebiliyorlardı. Şimdi ise her yer topraktı ve bütün çocuklar gördüklerinden büyülenmişlerdi.

Çocuklar ufuk çizgisine kadar uzayıp giden, ufak kum tepelerinden oluşan kızıl renkli zeminin grimsi renkteki gökyüzüyle zıtlığından çok etkilenmişlerdi. Sağ taraflarında yine ufuk çizgisinde kaybolan, birkaç metre ara ile yükselen, elektrik üreten yüzlerce gri rüzgâr değirmeni vardı. Kumun üzeri, yüzleri ve ellerinde de hissettikleri, sıcak havadan titriyor gibi görünüyordu. Ortalıkta hiç canlı yok gibiydi. Evet, bu yalın manzara çocukları çok etkilemişti.

Yaşadıkları beton, cam ve genellikle tek katlı binalardan oluşan fanustan sonra bu uçsuz bucaksız yer onlara bir boşluk hissi vermişti. Henüz kapıdan fazla uzaklaşmamışlardı ama kaybolmuş gibi hissediyorlardı kendilerini.

Okulun altıncı sınıflarından katılan doksan öğrenci sanki onları bir tehlike bekliyormuşçasına birbirlerine yaklaşmışlardı. Doğan ve arkadaşları bile bu gurubun içindeydi ama bu birliktelik uzun sürmedi. Rehber kapattığı kapıya dönüp yürümeye başlayınca ilk defa dış dünyaya çıkan çocuklar da çaresiz onu izlemeye başladılar.

Can, Emre ve Nazlı sıranın ortalarında yürüyorlardı. Can, Doğan'ın nerede olduğunu merak edip arkasına baktığında onun da kendisine baktığını gördü. İçinde çok garip bir duygu vardı. Doğan'ın bu gezide rahat durmayacağını düşünüyordu. Rehberin ilerideki bir kum tepesini gösterip yüksek sesle bir şey anlattığını fark etti.

"Şu tepeyi aşınca herkesin daha dikkatli olmasını istiyorum. Kimse konvoydan ayrılmasın. Yürürken oluşabilecek girdaplara dikkat edin. Bir kulağınız bende olsun. Aniden bir hortum oluşabilir. Böyle bir durumda benim talimatlarım doğrultusunda hareket edin. Sakın ama sakın paniğe kapılıp koşmayın!"

Rehberin bu uyarıları hepsini korkutmuştu.

"Bir şey daha var. Bilmediğiniz hayvanlara dokunmayın!"

Ama rehberin söylediği son şey hepsini korkutmakla birlikte heyecanlandırmıştı da.

"Bu akşam dış dünyada kamp kuracağız!"

Öğrencilerden kimi sevinçli kimi de endişeli uğultular ve bağrışmalar yükseldi.

Deniz Öğretmen'in yüzünde, eğlendiği her halinden belli olan bir gülümseme vardı. "Bu sizin için hazırladığımız bir sürpriz. Endişelenmeyin anne ve babalarınız bu sürprizden haberdar!" diye bağırdı.

Nazlı heyecanla Can'ın kolunu tuttu. "Bu harika, değil mi?"

Can da çok heyecanlanmıştı, bir anlığına Doğan'ı unutmuştu. Ama sonra yüzü asıldı çünkü Doğan'la dış dünyada bir gece geçireceklerdi. Dönüp Doğan ve takımına baktığında tarif edemediği çirkin bir şekilde kendisine sırıttıklarını gördü. O anda anladı ki gece kampı onun için bir işkenceye dönüşebilirdi.

Emre'nin endişesi ise Doğan ya da arkadaşları değildi. Hiç tanımadıkları, bir sürü zehirli hayvanın ve tahmin edilemez hava olaylarının olduğu dış dünyada bir gece geçireceklerinden endişeliydi o ya da geçiremeyeceklerinden. Annesinin onu yetiştirirken tohumunu attığı paranoya içgüdüsü kendini göstermeye başlamıştı.

"Can, ben bu fikirden hiç hoşlanmadım." dedi sesini titreten bir endişeyle Emre.

Can, arkadaşını biraz rahatlatabilmek umuduyla, "Bir şey olmaz." dedi ama onun da aklından Doğan'ın neden olabileceği sorunlar vardı. Bu yüzden sesi pek de ikna edici çıkmamıştı.

İki arkadaşının asık suratını gören ve konuştuklarını duyan Nazlı, "Merak etmeyin. Eğer birlikte hareket edersek başımıza bir şey gelmez. Hem öğretmenler de bu geziyi tehlike geçirmeden atlatmamız için önceden önlem almışlardır zaten." dedi. Sonra arkadaşlarını sakinleştirmek için, "Her yıl altıncı sınıflar bu geziye çıkıyor değil mi?" diye sordu. İki kafadar "evet" anlamında baş sallayınca da, "Siz hiçbirisinin başına bir şey geldiğini duydunuz mu?" diye devam etti. Çocuklar bu kez hayır anlamında başlarını sallayınca da gülümseyip "Gördünüz mü? Bize de bir şey olmaz!" dedi.

Can, hoşlandığı kızın kendini sakinleştirmeye çalışmasından utanmıştı. Nazlı'ya korkmamasını kendinin söylemesi gerekirken, kızın gözünde küçük düşmüştü. Kahramanı oynayamamış olmanın verdiği sıkıntıyla Emre'ye suçlar bir şekilde baktı.

"Ne var?" diye yanıtladı onu Emre. "Sanki sen korkmadın da!"

Rehberin tepeye doğru yürümesiyle öğrenciler de hareketlendi. Hava gerçekten çok sıcaktı. İçlerindeki koruma giysisi olmasa üzerine bastıkları çöl gibi kuruyup kum tanecikleri hâline gelmeleri işten değildi. Oldukları tuz aşısından dolayı henüz susamamışlardı ama genizleri kuruduğundan nefes alıp verirken rahatsız oluyorlardı.

Tepeyi zorlukla tırmandılar. Her adımda ayakları yumuşak kuma batıyordu. Aşağıya doğru kaymasınlar diye elleriyle tutunarak yukarıya tırmanmışlardı. Tepenin üzerine vardıklarında çektikleri zorluğa değdiğine karar verdiler. Önlerinde daha önce görmedikleri kadar büyük bir yeşil alan vardı. Uzaktan bir ormana benziyordu ama rehberin söylediğine göre, bölge ve hava şartlarına uygun, kısa bir bitki örtüsüydü. Yeşil alanın ilerisinde yine geniş bir çöl vardı ve çölün sonrasında deniz olduğunu sandıkları koyu mavi bir çizgi. Yan taraflarda yükselen, kayadan oluşan dağlar ve dağların eteklerindeki çorak vadiler manzarayı nefes kesici kılıyordu.

"Bugün yeşillik alana kadar gideceğiz. Buradan kısa bir yol gibi görünebilir ama oraya varmak iki üç saatimizi alacak." diye bilgi verdi rehber.

Deniz Öğretmen de "İsterseniz gördüğünüz bitki ve hayvan türlerini bizimle paylaşın. Böylece dış dünyayı hep birlikte tanır ve öğreniriz." diye ekledi.

"Yeşillik alana gitmeden hemen önce bir yer altı sığınağı var. Orada tuvalet ve yemek ihtiyaçlarınızı gidereceğiz." dedi Osman Öğretmen. Ardından Doğan ve arkadaşlarına bakarak, "Bu arada kurallara uyun!" diye uyarmayı ihmal etmedi.

Öğretmenler çantalarından büyük, ince, kauçuk torbalar çıkartıp bunları öğrencilere dağıttılar. Çocuklar ne olduğunu anlamadıkları için torbaları alıp onlarla ne yapacaklarını bilemeden baktılar.

Rehber herkesin elinde bir torba olduğunu görünce gülümseyerek, "Evet, şimdi biraz eğlenelim!" dedi yüksek sesle. "Herkes benim yaptığım gibi torbalarını açsın ve tepenin kıyısına gelip torbanın üzerine otursun!"

Diğerlerinin kendisi gibi yapmasını bekledi ve, "Şimdi torbanın ön kısmındaki iki köşeyi kuvvetlice tutun!" dedi. Herkes yaptı mı diye baktıktan sonra, "Şimdi kendinizi aşağıya bırakın!" diye bağırarak kendisini tepeden aşağıya bıraktı.

Rehberi Deniz Öğretmen izledi ve öğrenciler birbirlerinin ardından kaymaya başladı. Herkes coşkuyla bağırıyordu. Kayarken arkalarından yükselen kum bulutu, durumu daha da eğlenceli hâle getiriyordu. Nazlı da kendisini tepeden aşağıya bırakınca tepede yalnızca Emre, Can ve Doğan kalmışlardı.

Emre, "Bu ne kadar tehlikeli biliyor musun?" diye sordu endişeli ve sıkıntılı bir şekilde.

"Ne o korkuyor musun?" diye alay etti Doğan.

"Sen ona kulak asma Emre. Gözlerini kapat ve kendini eğime bırak." dedi Can, arkadaşını sakinleştirmek için. Doğan'la daha fazla yalnız kalmak istemiyordu. Emre kayar kaymaz o da kayacaktı.

Can, Emre'nin kayamayacağını anlayınca onu hafifçe itti. Emre, yaşadığı şoktan ayaklarını yere sürtünce dengesini kaybetti ve torbanın yönü değişti. Artık ters bir şekilde aşağıya doğru kayıyordu ve Can ile Doğan'ın kendisine yaklaşmakta olan toz bulutunu görüyordu.

Can, hemen yanında kayan Doğan'dan önce aşağıya varmak için büyük bir istek duyuyordu içinde. Bu istek, heyecan ve kayma hızının yol açtığı adrenalin salgılanmasıyla büyük bir coşku yaratmıştı. İstem dışı bir haykırış yükseldi gırtlağından. Dış dünya gerçekten de güzel bir yerdi. Daha önce hiç bu kadar heyecan verici bir etkinlik yapmamıştı. Diğerlerinin yanına gelip de kayması sona erince, hâlâ heyecanının ve coşkusunun geçmediğini fark edip şaşırdı.

Bu heyecan dolu kaymanın ardından kimse havanın sıcaklığını hissetmiyordu artık. Hatta Emre bile rahatlamış görünüyordu. Öğretmenler kauçuk torbaları toplayıp rulo yapmışlar ve çantalarına koymaları için çocuklara geri vermişti. Rehber yavaş adımlarla yeşillik alana hareket etmeye başlayınca çocuklar gezilerinin diğer evresine geçildiğini anladı.

4. Bölüm

Yarım saat kadar sonra rehber, çantasından kare biçiminde küçük bir alet çıkartmış, kuma doğru tutarak kendi ekseninde dönmeye başlamıştı. Çocukların meraklı bakışları altında, büyük bir dikkatle aletin üzerinde yanıp sönen ışığa bakıyordu. Rehber, aletin üzerindeki ışığın sürekli yanmaya başladığı yeri eliyle kazmaya başladı. Birkaç el darbesinden sonra kumlar yanlara doğru itilmiş, metal bir kapak ortaya çıkmıştı.

Rehber, metal kapağın kolunu saat yönünde çevirip kapağı yukarı doğru kaldırdı. Dar ve dik merdivenlerden aşağıya doğru inip güneş enerjisi ile çalışan lambaları yaktı. Onu çocuklar ve diğer öğretmenler izledi.

Aşağıya inen Can'ı, sığınağın küçüklüğü şaşırtmıştı. İki duvar, üzerinde yiyecek, ilaç ve şişe şişe su bulunan raflarla kaplıydı. Merdivenin bulunduğu duvarda ise tuvalete açılan bir kapı vardı. Merdivenin karşısındaki duvarda üç adet katlanabilir ranza bulunuyordu. Tavan, zemin ve duvarlar metalden yapılmıştı. Kapalı alan korkusu olanlar için hiç de hoş bir yer değildi doğrusu.

Deniz Öğretmen, "Evet, çocuklar... Herkes sıra ile tuvalete girsin. Sonra da raflardan istediğiniz yemek tepsisini seçip yiyin. Hava kararmadan yeşillik alanda olmalıyız." dedi.

Rehber, raflara ve tuvalete doğru hareketlenen öğrencileri durdurup "Yemek ve tuvalet ihtiyacınızı karşıladıktan sonra gruplara ayrılacaksınız. Her grup size vereceğim çadırı taşımak ve kurmakla sorumlu. Yeşillik alanda her grup bir çadırın içinde kalacak. Karanlık çökmeden ve hava soğumadan çadırları kurmamız gerekiyor. Bu yüzden size en fazla kırk dakika veriyorum." dedi.

Tuvalet sırasının önlerinde olan Can, Nazlı ve Emre bu yolculuğun tadını çıkartmaya başlamışlardı. Can, arada sırada kendisine garip garip bakan Doğan'ı bile kafasına takmıyordu artık.

"Tuvalete ilk ben girebilir miyim?" diye sordu Emre.

"Kibar olalım ve Nazlı'ya öncelik tanıyalım." dedi uyarır bir edayla Can.

Emre, "Ama çok acıktım!" dedi. Raflardan yemek tepsilerini alan çocuklara bakarak, "Baksanıza bize yemek bırakmayacaklar!" diye sızlandı.

Tam o sırada tuvalet kapısı açıldı ve Can, Emre'nin önünü keserek Nazlı'ya yol vermek isterken, Doğan onu itekledi ve tuvalete girdi. Mert ve Burak da tuvalet kapısının önünde nöbet tutmaya başladı.

Can buna çok sinirlenmişti. "Gördün mü?" diye hırsla çıkıştı Emre'ye.

"Gördüm."

"Elimden bir kaza çıkacak!" dedi Can kapıdaki çocuklara bakarak.

Nazlı, "Lütfen sakin ol!" diye yatıştırmaya çalıştı onu. "Onların istediği de seni kızdırmak zaten."

"Çok da başarılı oluyorlar." dedi Can kızgınlıkla.

Doğan, tuvalette o kadar uzun kaldı ki henüz yemek yiyemeyen ve tuvalet sırasında bekleyen çocuklar kıvranmaya başladılar. Osman Öğretmen ne olduğunu anlayıp Mert ve Burak'ı yana doğru itti ve tuvaletin kapısına vurdu.

Kapıya kimin vurduğunu bilmeyen Doğan, yüzünde o çok tanıdık ve sinir bozucu sırıtışıyla tuvaletten çıktı. Hâlinden, içeride hiçbir şey yapmadan durduğu belliydi. Sırf diğerleri acı çeksin diye tuvaleti meşgul etmişti.

Osman Öğretmen ona uyarırcasına bakıp diğer öğrencilerle ilgilenmeye gittiğinde Doğan, kendinden mutlu bir hâlde yemek raflarına doğru yöneldi. Can yumruklarını sıkmış, gözleriyle onu izliyordu.

"Tamam artık Can, bak ben tuvalete giriyorum." dedi Nazlı, onun dikkatini Doğan'dan kendisine çekebilmek ümidiyle.

Doğan, elinde bir tepsiyle dönüp ona göz kırpınca iyice sinirlenen Can, "Kesinlikle elimden bir kaza çıkacak!" diye mırıldandı kendi kendine.

Kırk dakika hemen geçivermişti. Apar topar yemek

yiyen Emre, henüz doymadığını düşünüyordu. Rehber 30 çadır bulunduğundan her grubun üçer kişiden oluşmasını istemişti.

Doğan atılıp, "Ben, Mert ve Can'ı seçiyorum grubuma." diye bağırdı. "Can" derken kelimenin üzerine basa basa konuşmuştu.

Can'ın nutku tutulmuştu. Ağzından tek bir kelime çıkamadı. Konuşabilse çok şey söyleyecekti. Gözleri sinirden neredeyse yuvalarından fırlayacaktı. Kendisini ne zannediyordu bu zorba? Nasıl bir hakla böyle bir karar almıştı? Ne yapmak istiyordu?

"Ben onunla aynı çadırda kalmak istemiyorum efendim!" dedi Can bir çırpıda.

Rehber eliyle "hayır" anlamında bir hareket yaparak, "Böyle çocuk gibi mızmızlanmaya gerek yok. Sizin grubunuz oluşmuştur." dedi otoriter bir şekilde ve diğer grupları oluşturmaya başladı.

Doğan ve arkadaşları gevrek gevrek gülüyordu. "Nasıl? Daha yeni başladım. Ben size, beni okuldan uzaklaştırmak neymiş göstereceğim!" dedi öğretmenler duymadan.

Emre'nin yüzü asılmış, Nazlı ellerini göğsünde sinirle kavuşturmuş, Can ise Doğan'ın gözlerine hiddetle bakar halde hareketsiz bir şekilde sığınağın bir köşesinde duruyorlardı. Önlerine bir metre boyunda on santim eninde, silindir bir paket düşünce kendilerine gelebildiler ancak. Çevrelerine bakınca herkesin sığınaktan çıkmak için hazırlandığını ve silindir çadır paketlerini taşımaya çalıştığını gördüler.

"Merak etmeyin. Yeşillik alana fazla kalmadı. On beş dakikalık bir yürüyüş." dedi rehber.

Gerçekten de yeşillik alana çok geçmeden varmışlardı. Akşam üzeri olduğundan, güneş biraz da olsa etkisini kaybetmiş ve yürümek daha kolaylaşmıştı. Havanın biraz serinlemesiyle birlikte, toprağın altına saklanan yaşam türleri de dışarıya çıkmaya başlamıştı. Bir yılanın kıvrıla kıvrıla ilerideki bir tepeye doğru, ardında "s" şeklinde yatay izler bırakarak sürünüşünü izledikten sonra yeşil alanın kıyısına geldiler.

Uzaktan ağaçlık bir alan gibi görünse de, çalılar yalnızca diz boyundaydı. Çalıların alt kısımları kurumaya başlamış ama üst kısımlarda yeni yeşermiş bölümler vardı. Yine de çalıların gölgelerinde birçok canlının yaşadığı, duyulan hışırtılardan belliydi.

Can ve Nazlı, akşamı dış dünyada kamp yaparak geçireceklerini düşündükçe heyecanlanıyorlardı. Sonra, akıllarına Doğan geliyor ve bir anda moralleri bozuluyordu. Emre'nin moralini ise Doğan'la geçireceği geceden çok börtü böcek ve kirli havayı soluma düşüncesi bozmuştu.

Üç kafadarın moral bozukluğu, çadırları kurarken daha da fazlalaştı. Aslında, çocukların tümünün moralleri bozulmuştu çünkü hiçbiri daha önce çadır kurmamıştı ve bu işin hiç de kolay olmadığını bu süreçte anlamışlardı. Öğretmenler ilk başta çadırlarını kurmaya çalışan çocukları seyretmekle yetindiler. Ne de olsa bir şeyi öğrenmenin yollarından biri de onu yapmaktı. Bir süre sonra, çocuklara yardım etmeye karar verdiler. Her çadıra üç kişi düştüğünden yapılacak çok çadır vardı ve güneş de batmak üzereydi.

Emre bir yolunu bulup Osman Öğretmen'e Doğan'ın Can'a olan düşmanlığını anlatmış, onun sorun çıkarmak istediğini söylemişti. Osman Öğretmen zaten ikisi arasındaki gerginliğin farkındaydı ve Can'ı, Emre'nin çadırına aldı. Burak da arkadaşlarıyla aynı çadırı paylaşmak zorunda kalmıştı yine. Yani Doğan'ın planı suya düşmüştü. Nazlı bir yandan iki kız arkadaşıyla çadır kurmaya çabalarken, diğer yandan da gelişmeleri takip etmekteydi. Emre ona eliyle zafer işareti yapınca zevkten yüzünde kocaman bir gülümseme belirdi.

Doğan, Mert ve Burak çadır kurmadaki yeteneksizliklerini gizlemek için diğerleriyle dalga geçiyorlardı. Oysa biraz önce, erkeklerin daha iyi çadır kurduklarını söyleyip kızdırdıkları kızlar bile çadırlarının iskeletlerini çoktan yapmış, kanvas cepheleri iskeletlere geçirmeye çalışıyorlardı. Emre ve Can ise geceyi dışarıda geçirmemek için üç zorbaya rağmen çadırın iskeletini oluşturmuştu. Öğretmenlerin deneyimli elleri ve çocukların da gayretiyle karanlık basmadan bütün çadırlar kuruldu.

Dış dünyada küçük de olsa ateş yakmak, dumanın atmosferdeki karbon miktarını fazlalaştırdığı için, uzun süre önce yasaklanmıştı. Ateş çevresinde şarkı söylemek gibi eski tür bir eğlence olmadığından çocuklar sırt üstü yatıp daha önce ancak kara camların ardından görebildikleri yıldızları seyretmeye başladılar.

Gözleri karanlığa alışınca gece gökyüzünün siyah değil de çok koyu lacivert bir renk olduğunu hayretle keşfettiler. Yıldızlar tahminlerinden daha parlak ve gizemliydi. Hele bir yıldız gökyüzünde kayarak, adeta eriyormuş gibi kaybolunca herkes heyecanlanıp ayağa fırladı. Birbirlerine yıldızın kaybolduğu yeri gösteriyorlardı.

Can, biraz ötede diğer kızlarla birlikte oturan Nazlı'ya bakıp gülümsedi. Onun da kendisine gülümsemesiyle aklında ne Doğan kalmıştı ne de dış dünyadaki tehlikeler. Nazlı'nın kısa bukleleri aniden çıkan hafif bir rüzgârla uçuştu. Can, bukleler yüzünden mi yoksa çöl ikliminin serin akşam esintisinden mi ürperdiğini düşünüyordu ki esinti bir anda hızlanıp güçlendi.

Öğretmenler bir araya toplanmaları için çocuklara sesleniyorlardı. Rüzgâr o kadar sert esmeye başlamıştı ki uğultulardan öğretmenlerin ne demeye çalıştıkları duyulmuyordu. Yine de içgüdüyle herkes bir araya gelip penguen sürüsü gibi birbirlerine sokulmuştu.

Can başını kaldırıp gökyüzüne baktığında artık yıldızların görünmediğini fark etti. Biraz daha öteye baktığında ise korkudan dudağı uçukladı. Çünkü dönerek önündeki herşeyi yutan ve içinde şimşekler çakarak yaklaşan bir hortum gördü. Nazlı'nın ve Emre'nin ellerini tuttu ve onlara başıyla hortumu gösterdi. Emre bağırmaya başlamıştı bile. Böyle durup hortumun onları yutmasını mı bekleyeceklerdi yoksa?!

Rehberin belli belirsiz sesini duydular.

"Çabuk! Çabuk koşun! Sığınağa doğru koşun! Sakın arkanıza bakmayın!"

Can önce koşmaya başladı ama sonra dönüp kendisinin ve arkadaşlarının çantalarını kaparak onlara verdi. Alelacele çantaları sırtlarına takıp diğerlerini yakaladılar. Çocuklar büyük bir panik ve korkuyla koşuyordu. Koşarken düşüyorlar, büyük bir zorlukla yine kalkıyorlar, bağırıyor ve ağlıyorlardı. Can ve Nazlı, Emre'yi arkasından itiyordu. Birisinin de onu arkasından tuttuğunu koşmakta zorlandığında anladı. Can başını yan çevirip baktığında Doğan'ın ondan destek alarak koşmaya çalıştığını gördü. Aslında, küçük bir silkelenmeyle Doğan'dan kurtulabilirdi ama onun korku dolu yüzünü görünce bundan vazgeçti. Demek, beraber dolaştığı diğer iki zorba onu bırakıp kaçmıştı. Onların arkadaşlığı bu kadardı işte.

Emre'yi iterek, Doğan'ı da çekerek hortumdan kaçmak bu dörtlü için imkânsızdı. Çok geçmeden, gruptan geri kaldılar ve rüzgârın fazlalaşmasıyla birlikte hareket edemez hâle geldiler. Artık kulakları sağır eden bir gürültünün içinde, ayakları yerden kesilmiş, zorlukla el ele tutuşarak uçuyorlardı.

Gözleri kör edici bir şimşekle birlikte yürekleri korku

doldu. Öleceklerdi! Dış dünyadaki bir hortumun içinde öleceklerdi! Öleceklerdi!

Ölüm korkusuyla, nasıl olduğunu bile anlamadan birbirlerine sarılmışlardı ve bedenleri birbirlerine bağlı olarak hortumun tam ortasında, "göz" denilen noktada buldular kendilerini. Yukarı baktıklarında, çevrelerinde dönen rüzgârın tavanında yıldızları gördüler. Artık öleceklerinden kesinlikle emin olmuşlardı... Döndüler... Döndüler... Döndüler... Ta ki, her yer kapkaranlık olana kadar...

Can gözlerini zorlukla araladığında beyaz pamukların uçuştuğu mavi bir renk gördü. Biraz daha dikkatle bakınca mavi rengin gökyüzü, beyaz pamukların ise bulut olduğunu anladı. Ölmemiş miydi? Hareket etmeye çalıştığında sol kolunda tarifsiz bir acı duydu. Kırılmış olmalıydı. Yavaşça doğrulunca kolu dışında başka bir yerinde bir şey olmadığını anladı. Diğer eliyle kırık koluna destek yaparak, yüzü acıyla buruşmuş bir şekilde ayağa kalktı. Dudakları susuzluktan ve sıcaktan çatlamıştı. Ne kadar zamandır böyle baygın yatıyordu acaba?

Sarı-kızıl çölün ortasında ayakta durmuş neler olduğunu anımsamaya çalışırken arkasından bir inilti geldi. Hemen dönüp sesin geldiği yana bakınca, Nazlı'nın kumun içine gömülü bedenini gördü. Zavallı kız kumdan kurtulmaya çalışıyordu.

"Dur! Hareket etme!" diye bağırarak uyardı onu Can. Bir yeri kırılmış olabilirdi.

"Can? Sen misin?" diye zorlukla konuştu Nazlı.

Kızın yanına çömelen Can, "Evet." dedi. "Yavaş hareket et. Belki yaralanmışsındır."

Nazlı onu dinleyip olabildiğince ağır hareketlerle oturdu. Can sağlam eliyle ona destek olarak ayağa kalkmasına yardım etti. Nazlı onun kolunda bir problem olduğunu yüzündeki acı çeken ifadeden anlamıştı.

"Neyin var?" diye sordu Nazlı.

"Sanırım kolum kırıldı."

"Eğer çantalarımızı bulabilirsek kolunu rahatlatmak için bir bezle boynuna bağlayabiliriz." dedi Nazlı susuzluktan kısılmış sesiyle. Bir yandan da çevreye bakıyordu.

Biraz ötedeki bir kıpırtı dikkatlerini çekti. Koşar adım o yöne doğru gittiler. Emre'yi sırt üstü yatar durumda buldular. Emre gözlerini açmış, gökyüzüne bakıyordu. Yüzünde endişeli bir ifade vardı.

"Yaşıyorsunuz!" dedi sevinçle. Hareket etmeden, "Ben de yaşıyorum dedi." Sonra, yüzündeki endişeli hal geri döndü ve "Peki tek parça mıyım?" diye sordu.

Diğerleri bu soruya gülümseyerek karşılık verdiler. Can ve Nazlı, Emre'nin ellerinden tutarak onu ayağa kaldırdılar.

Nazlı, çevreye şöyle bir baktı. Doğan'ın nerede olduğunu merak ediyordu. O da kurtulmuş muydu acaba?

Can, ilerideki bir karartıya doğru gitti. Çantalardan birini bulmuştu. Yavaşça eğilip fermuarını açınca Emre'nin çantası olduğunu anladı ve geriye doğru dönüp, "Emre, çantanı buldum!" diye bağırdı.

Arkadaşları onun yanına gelince hepsi bir ağlama sesiyle irkildi. Başkaları da kendileri gibi buraya savrulmuş olmalıydılar. Pür dikkat, bütün tümsekleri yoklamaya başladılar. Bütün çantaları bulmuşlardı. Ağlama sesinin kaynağını da bulmuşlardı. Ağlayan kişi zannettikleri gibi başka bir çocuk değil, Doğan'ın ta kendisiydi.

Emre gülerek, "Ne o Doğan, ağlıyor musun?" diye sorunca okulun zorbası adeta bir bebek gibi hıçkırarak ağlamaya devam etti.

Doğan burnunu çekerek ve hıçkırarak, "Çok korktum... Öldüm sandım... Korkunçtu..." diye konuştu.

Can ona elini uzatınca, güneş giren gözlerini kısarak, inanmaz bir hâlde Can'a baktı. Onun kendisine yardım etmek istemesini anlayamıyor gibiydi.

"Haydi, ver elini de kalkmana yardım edeyim." dedi Can.

"Hem üzülme, hepimiz çok korktuk ama iyiyiz." diye ekledi Nazlı.

Emre ise, "Vay be, Doğan ağlıyor! Ben bunu herkese söylemez miyim!" diyerek sırıttı.

Nazlı, "Eğer eve dönebilirsek söylersin." dedi umutsuzca.

Bu sözler dördünün de durumlarını fark etmesini sağladı. Sonsuzmuş gibi görünen bir çölün ortasındaydılar. Kim bilir, hortum onları nereye fırlatmıştı. Daha da kötüsü, şimdi ne yapacaklardı?

5. Bölüm

Sığınağa varınca öğretmenler, korkan ve yorulan çocukları saydıklarında dördünün kayıp olduğunu fark etmişlerdi. Öğretmenler çocukları sığınakta bırakıp dışarıya çıkmış ve kayıp olanları aramaya başlamışlardı. Gün ağarırken sığınağa döndüklerinde çocukları bulamamanın verdiği hayal kırıklığı ile tükenmişlerdi. Rehber telsizle hemen durumu Arama Kurtarma Merkezi'ne iletmiş ve fanusa dönmek için hazırlanmaya başlamıştı.

Arama kurtarma ekibi sığınağa vardığında, sabah olmak üzereydi. Kullandıkları araba güneş enerjisi ile çalıştığından ancak gündüzleri hareket edebiliyordu. Yani çocukları yalnızca gündüz arayabileceklerdi. Öğretmenlerin ve öğrencilerin, uzmanların kayıp dört öğrenciyi bulmalarını ümit etmekten başka yapacakları bir şey kalmamıştı. Herkes yemek yiyip fanusun yolunu tutmuştu.

Arama kurtarma ekibi, özel aygıtlarıyla meteoroloji bilgilerini alarak bir gece önceki hortumun güzergâhını öğrendiler. Böylece, çocukları aramak için bir rota oluşturacaklardı. Ekipteki beş adam da aslında hortumun çocukları herhangi bir yere fırlatmış olabileceğinin farkındaydı. Yine de plansız programsız hareket etmek onlara daha fazla zaman kaybettirirdi. Çocukların ne durumda olduklarını bilmiyorlardı. Çok kötü yaralanmış hatta ölmüş bile olabilirlerdi. Bu düşüncenin uyandırdığı korkuyu bastırmaya çalışarak sığınağın dışına çıktılar ve güneş enerjisi ile çalışan arabaya binerek çocukları aramaya koyuldular.

Öte taraftan, fanusta büyük bir kargaşa vardı. Kaybolan çocukların aileleri çok telaşlanmıştı. Sahip oldukları tek çocuklarının kaybolması onları harap etmişti.

Emre'nin annesi bayılıp duruyor, sinir krizi geçiriyordu. "Ben biliyordum! Ben biliyordum zaten!.. Onu bu geziye göndermemeliydim!.." diye ağlıyordu. Can'ın annesi onun elini bir an bile bırakmıyordu. "Onları bulacaklar. Biraz sakinleş. Sana ihtiyacımız var. Her an gelebilirler." diyordu genç kadın ama gözlerinden akan korku ve endişe yaşlarına da engel olamıyordu.

Nazlı'nın annesi meteoroloji istasyonundaydı. Orada görev yaptığından sakin olup arama ekibine yardımcı olmaya çalışıyordu ama çocukların atenölçerlerindeki vericilerin bozulduğunu öğrenince o da metanetini kaybetti. Koskoca çölde, vericiler olmadan çocukları bulmak imkânsız gibi bir şeydi. Hava taşıma araçlarının artık var olmaması çok kötüydü. Oysa çocukları havadan arayıp daha çabuk bulabilirlerdi. Susuz ve gıdasız dört çocuk, sıcak mı sıcak çöl ortamında ne kadar hayatta kalabilirdi ki?

Doğan'ın annesi yoktu. Dış dünyadan kaptığı bir virüse yakalanmış ve daha ilaç geliştirilemeden hayatını kaybetmişti. Doğan'ın babası ise oğlunu da kaybetme korkusuyla iyice gerilmişti ve gördüğü herkesle kavga ediyordu. Can'ın babası onu sakinleştirmek için çok çaba harcamışsa da başarılı olamamış, sonunda okul hemşiresi adama sakinleştirici iğne yapmak zorunda kalmıştı.

Zaman geçtikçe ümitleri azalan veliler ve idareciler çaresizce okulun kafeteryasında oturmaya ve sessizce arama kurtarma ekibinden gelecek haberi beklemeye başladılar.

Çölün ortasında bir yerde de durum pek farklı değildi. Fanusu nasıl bulacaklarını bilmeyen çocuklar oturmuş, kara kara düşünüyorlardı. Sabahın sakin güneşi öğlene doğru yakıcı olmaya başlamıştı. Üst giysilerinde yırtılmalar vardı ama vücut ısılarını dengede tutan iç çamaşırlarına bir zarar gelmemişti. Yine de açıkta kalan başları ve gözleri sıcaktan çok etkileniyordu. Doğan ve Emre'nin beyaz teni güneş yanığı olmuştu. İkisinin de zaten gürbüz olan yanakları kızarmıştı.

Böyle oturup beklemekten usanan Can, bir şeyler yapmaları gerektiğini düşünmeye başladı. Birileri onları bulana kadar hayatta kalabilmeliydiler. Zaten kolu da oldukça fazla ağrımaya başlamıştı. Belki bir şeylerle meşgul olurken düşünceleri kolundaki ağrıdan uzaklaşabilirdi. Çevreye dikkatle bakmaya başladı. Tam olarak neredeydiler acaba? Fanus hangi yönde kalmıştı? Hortum onları ne kadar uzağa taşımıştı? Bunları düşünürken yüzüne ciddi bir ifade yerleşmişti. Can'ın bu tavrı Nazlı'nın dikkatinden kaçmadı.

"Ne oldu Can? Ne düşünüyorsun?" diye sordu.

Can kararlı bir şekilde, "Ne yapabiliriz diye düşünüyorum." dedi. Bir süre oturup beklemeli miyiz yoksa fanusu bulmaya mı çalışmalıyız?"

Doğan, "Nerede olduğumuzu bile bilmiyoruz ki!" dedi.

Emre sırf ona karşı gelmek için, "Fanusu arayalım." dedi. "Bu sıcağın altında beklersek biraz sonra pişeceğiz... Hem bizim nerede olduğumuzu nasıl bilsinler ki?"

Nazlı heyecanla, "Atenölçerlerimizdeki vericiler!" diye atıldı. "Geziye çıkmadan önce atenölçerlerimize verici yerleştirmişlerdi ya!"

Herkes umutla atenölçerlerine baktı. Kısa bir süre sonra hepsinin yüzündeki heyecan yerini çaresizliğe bırakmıştı çünkü hiçbirinin atenölçeri çalışmıyordu.

"Hortumun içindeki elektrik akımından etkilenmiş olmalılar." diye fikir yürüttü Emre.

"Evet, şimdi ne yapacağız? Atenölçerler çalışmıyor. Nerede olduğumuzu, fanusun nerede olduğunu da bilmiyoruz. Yemeğimiz ve suyumuz da yok. Üstelik hava da dayanılmaz sıcak!" diye her sözcükte biraz daha gerilerek konuştu Doğan. Onun bu sözleri diğerlerinin de sinirlerini germiş ve kumun üzerine öylece oturuvermişlerdi.

Nazlı aniden ayağa kalkıp oraya buraya saçılan çantaları toplamaya başladı. Onun bu heyecanlı hâline anlam veremeyen Can yerinden fırlayıp onun yanına gitti.

"Ne oldu Nazlı? Neden çantaları topluyorsun?" diye sordu.

"Fen projem..."

"Ne olmuş fen projene?" Can birden telaşa kapıldı. Yoksa Nazlı çöl sıcağından fazla mı etkilenmişti? "Nazlı çölün ortasındayız!" diyerek kızı kendisine getirmeye çalıştı.

Nazlı ona gülümseyerek, "Fen projemi hatırlıyor musun?" diye sordu. Can'ın kafasını evet diye sallamasıyla devam etti. "Toprağı terleterek su üretiyordum ya!"

"Evet, ne olmuş?" diye sordu Can kafası karışmış bir halde.

"Hani kauçuk torbalar vardı ya? İşte ben onları kullanarak su üretebilirim belki..."

Can olduğu yerde durdu. Nazlı ise elinde iki çantayla diğerlerinin olduğu yere gidiyordu. Can onun ne kadar akıllı ve güçlü bir kız olduğunu düşünmekle meşguldü ki Nazlı'nın sesiyle kendine geldi.

"Haydi Can, diğer çantayı da getir!"

Can, kalan tek çantayı da sağlam eliyle alıp biraz önce oturdukları yere getirdi ve "Şimdi ne yapacağız?" diye sordu.

Nazlı bir yandan çantasındaki kauçuk torbayı çıkartıyor bir yandan da yapacaklarını anlatıyordu. "Elimizde üç çanta var. Bu da üç kauçuk torba demektir. Üç tane diz boyu çukur açacağız. Çukurların ortalarına koymak için kap gibi bir şeyler bulmalıyız. Sonra kauçuk torbaları çukurların üzerine gereceğiz. Torbalar uçmasın diye kenarlara ağırlık yerleştireceğiz. Bunları yaptıktan sonra da, küçük bir taş bulup torbaların tam ortasına koyacağız ve kapların içine doğru hafif bir

eğim oluşturacağız. Kumun derinliklerindeki su buharlaşmaya başlayınca, kauçuklar su damlalarını tutacak ve eğimden dolayı bu damlalar kabın içine akacak. Böylece bizim de suyumuz olacak."

Doğan alay eder gibi bir kahkaha attı. "Bu sıcak havada, kumda su kaldığını mı düşünüyorsun?"

Nazlı gözlerini kısarak ona baktı. "Cahil! Kumun üzerindeki hava niye titriyor sanıyorsun? Bu titreme, kumdaki suyun buharlaşması anlamına geliyor." Aslında bundan pek emin değildi ama iyi bir bilimsel kuram gibi gelmişti ona.

Kendisine "cahil" denmesi Doğan'ın hiç hoşuna gitmese de Nazlı'nın akıllıca düşünülmüş fikrine cevap veremedi. Diğerleri gibi kalkıp çukur kazmaya başladı. Can tek kolla diğerlerinden biraz daha fazla zorlanıyordu. Normal bir günde dış dünyanın aşağı yukarı altmış derece olduğunu herkes bilirdi. Bu sıcakta hareket etmek gerçekten de çok zordu, hele bir de kolun kırıksa. Onun ne kadar zorlandığını gören Nazlı ve Emre onu oturması için ikna ettiler.

Çukur kazma işini bitirdiklerinde güneş tam tepelerine gelmişti. Çantalardan kaba benzeyen kutucuklar bulmuş ve bunları çukurlara yerleştirmişlerdi. Çevreden taş parçaları bulmak biraz zor olmuştu ama onu da başarmışlardı. Torbaların üzerine küçük taşları da yerleştirince hepsi yorulmuş, daha da kötüsü çok susamışlardı.

Emre annesinin çantaya tuz tabletleri koyduğunu hatırladığında herkesin keyfi biraz yerine geldi. Emre, Doğan'a tuz tableti verip vermemekte biraz tereddüt ettiyse de onun su kaybından bayılmasını istemediğine karar verdi. Birer tablet yutunca, susuzlukları bir nebze de olsa azaldı.

Can sıcaklığın çok fazla olduğunu düşünüyordu. Gölgelik bir yer yapmalıydılar, ama nasıl? Hortum buraya yalnızca kendilerini atmamıştı. Kim bilir nereden taşıdığı kuru ağaç dalları da vardı çevrede. Hemen ayağa kalktı ve kendi boyuna yakın uzunlukta dallar toplamaya başladı. Bu işi tek elle yapamayacağına karar verince de diğerlerine seslendi.

"Doğan! Emre! Gelin bana yardım edin!"

Emre ve Doğan onun yanına geldi. İkisinin de Can'ın aklından ne geçtiğini anlamadıkları belliydi. Yine de onun yaptığı gibi uzun ve kalın dalları seçerek bir öbek oluşturdular.

"Gölgelik bir yer yapmalıyız." dedi Can. Sonra eliyle biraz ilerideki kayalık yeri göstererek, "Kayaları yan duvar olarak kullanabiliriz. Kayadan, kayaya dalları dizersek, kendimize küçük bir barınak yapmış oluruz. Hiç değilse güneşten korunuruz." dedi.

Emre, arkadaşına gülümsedi ve birkaç parça dal alıp kayalığa doğru götürdü. Doğan da onu izledi. Çok geçmeden Nazlı da yanlarına gelmiş ve hep birlikte çalışarak kısa sürede altına oturabilecekleri alçak, küçük ama dördünün de sığabilecekleri bir gölgelik yapmışlardı.

Can, "Şimdilik gölgemiz var. Bir de suyumuz olursa bugünü geçirebiliriz." dedi. Yüzü canının yandığını çok belli ediyordu artık. Sağlam eliyle kırılan koluna destek yaptı.

Doğan, "Burada kimse bizi bulamaz." diye sızlanınca, Emre'nin de yüzü asıldı.

"Burada öleceğiz, biliyorum." dedi Emre umutsuzca.

"Haydi çocuklar, biraz neşelenin. Fırtınadan kurtulduk. Ne kadar şanslıyız ki hep beraber buradayız. Üstelik çantalarımızı da bulduk. Merak etmeyin bizi bulacaklar." dedi Nazlı yaşından olgun bir edayla.

"Atenölçerlerin çalışmaması çok kötü oldu. Vericiler çalışsaydı bizi daha kolay bulurlardı." dedi Emre.

"Verici... Verici..." Can kendi kendine konuşuyor gibiydi. "Ben radyo yapmasını biliyorum. Eğer vericiyi algılayabiliyorlarsa radyo sinyalini de fark edebilirler."

Emre, sevinçle bağırdı. "Yaşa Can! Sen harikasın!"

Nazlı da gülümsüyordu. "Ama radyoyu burada nasıl yapacaksın?" diye sordu. Can da çölün ortasında radyoyu nasıl yapacağını düşünüyordu.

Can, "Bir düşüneyim." dedi.

"Sen düşünedur. Ben çok acıktım." diye sızlandı Emre.

Nazlı, "Şimdi sırası değil Emre!" diye azarladı onu.

"Ama gerçekten acıktım. Ne yiyebiliriz ki?"

"Yılan..." diye yanıt verdi Doğan ilerideki bir noktaya bakarak.

Diğerleri hep bir ağızdan, "Yılan mı?" diye tekrarlayınca Doğan onlara dönüp gülümsedi.

Doğan, "Parlak fen projelerim olmayabilir ama size yemek bulabilirim." dedikten sonra kalkıp kıvrıla kıvrıla uzaklaşan bir yılanın arkasından koştu.

Nazlı, "Ama biz et yemeyiz ki..." dedi.

Herkes yılan yeme fikrinden tiksinmiş, yüzleri buruşmuştu. Hele Doğan kafasının bittiği yerden sıkıca tuttuğu yılanı yanlarına getirince, onu yeme düşüncesi hepsinin midesini bulandırmıştı. Emre'nin bile açlığı kalmamıştı. Doğan kimseyi dinlemeden, yılanı sopayla öldürdüğünde, Nazlı kendini çok kötü hissetti. Fanus içinde yaşayan ve doğayla daha önce tanışmamış kişiler olarak bu vahşi manzara içlerini ürpertmişti. Kendilerini ilkel kabilelerde yaşayan ilk insanlar gibi görmeye başladılar. Bir de hiç et tüketmeyen bir topluluk olduklarından yılan yemek onlara çok yanlış geliyordu.

Doğan, Can'ın çantasından güneş enerjisi ile çalışan ve yakarak kesen, aynı zamanda da yakarak derideki kesikleri yapıştıran aletle yılanın derisini boydan boya kesti ve yüzdü. Diğerleri Doğan'ı hayret ve tiksintiyle seyrediyordu. Bu manzaradan sonra, bu şeyi nasıl yiyeceklerdi?

Yılan'ın eti pembe-beyazdı. Doğan eti küçük parçalara bölerek herkesin eline birer parça verdi. Daha önce et yememiş olmanın verdiği çekingenlikle aldı eti. Doğan da dâhil hepsi bir süre ellerindeki yumuşak, süngerimsi şeye bir süre baktı. Kimse yılan etini ağzına götürmeye cesaret edemiyordu.

"İğrenç..." dedi Emre. "Yemek istiyorum derken kastettiğim şey bu değildi."

Can, "Ne yapalım, yemek zorundayız. Bizi ne zaman bulacakları belli değil. Yemek yemeliyiz." dedi. "Bence herkes aynı anda ağzına götürsün, böylece birbirimizden etkilenmeyiz."

Can'ın sözünü dinleyerek, üçe kadar saydılar ve gözlerini kapayarak yılan etini ısırdılar. Etin sandıkları kadar kötü bir tadı olmadığını anlayınca hepsi şaşırmış ve rahatlamıştı. Ellerindeki parçaları bitirince Doğan onlara birer parça daha teklif ettiyse de, kimse istemedi.

Doğan, "Acaba, kaplara su dolmuş mudur?" diye sordu Nazlı'ya.

Nazlı, "Bilmem. Bir bakalım." dedikten sonra kalkıp en yakındaki çukuru kontrol etti. "Ay, çocuklar, olmuş!" diye bağırdı coşkuyla. Dikkatlice içi su dolu kabı çukurdan aldı.

Diğerleri de ona doğru koşmuştu. "Aman dikkat edin!" diye uyardı onları Nazlı.

"Haydi, içelim." dedi Emre.

"Olmaz, bu projenin sahibi Nazlı. Önce o içsin." diye çıkıştı ona Can.

"Tamam. Haydi iç artık." diye karşılık verdi Emre.

Nazlı sudan birkaç yudum içti. "Çok güzel." diye fısılda-dı. Gözlerinde, başarmanın verdiği gururlu bir parıltı vardı. Kabı Can'a uzatmak istedi ama Can sırasını Doğan'a verdi.

"Bize yemek sağladığın için sen ikinci olarak içmeli-sin." dedi Can.

Doğan ikiletmeden kabı aldı ve bir iki yudum içti. Emre kendisine su kalmayacak diye korkuyordu.

"Sen de gölgelik yaptığın için içersin şimdi." diyince, Can arkadaşı daha fazla işkence çekmesin diye kabı ona uzat-tı. Emre de içtikten sonra Can da susuzluğunu giderdi.

"Karnımız doydu, susuzluğumuzu da giderdik, bence artık gölgede oturup yardım gelmesini beklemeliyiz." dedi Nazlı.

"Siz öyle yapın, ben de radyo ya da verici yapmanın yollarını bulayım." diye karşılık verdi Can.

"Aslında atenölçerlerin içindeki vericilere ne olduğunu anlayabilirsek belki onları tamir edebiliriz." dedi Emre kendi elektromanyetik bilgisini ortaya koyarak.

Can, "Haklısın." dedikten sonra, herkesten atenölçer-lerini aldı ve Emre'nin de yardımıyla içlerini açıp elektro-nik devreleri ortaya çıkardı. Çok karmaşık görünüyorlardı. Dikkatli incelemelerden sonra, güçlü darbelere göre tasar-lanmamış olan aletlerin devre bağlantılarının koptuğunu ve küçük parçaların kırıldığını anladılar. Yalnızca bir tane verici fazla zarar görmemişti ama onun da devrelerinden biri parçalanmıştı.

"Eğer sizinkiler sağlam olsaydı devreleri değiştirip bunu çalıştırabilirdim ama hepsi kırılmış." dedi Can sıkıntılı bir şekilde.

Nazlı, "Üzülme Can, sen elinden geleni yaptın." dedi cesaret verircesine gülümseyerek. Sonra, "Canın yanıyor mu?" diye sordu.

"Evet." diye yanıt verdi Can.

"Doğan, yılanın derisini nereye koydun? Onunla Can'ın koluna destek yapabiliriz. Yeteri kadar uzun ve sağlam olduğundan boynuna bağlanabilir." dedi Nazlı.

Doğan cebinden yılan derisini çıkardı ve onu Can'ın kolunun altından geçirip, boynundan bağladılar. Can biraz rahatlamıştı. Kolu aşağı sarktığında ağrısı fazlalaşıyordu.

Emre, "Annem çantama ilaç koymuştu. Kesin ağrı kesici de vardır." dedi. Haklıydı. Ağrı kesici bandı koruma paketinden çıkarıp Can'ın ağrıyan koluna yapıştırdı. Hemen derinin altına geçip etkisini gösteren ilaç ağrıyı azaltmış, Can'ı rahatlatmıştı.

Bir süre hareketsiz bir şekilde gölgeliğin altına uzandılar. Kısa bir süreliğine içleri geçti ve uyudular ama hemen yakınlarından gelen, çığlığa benzeyen bir ses korkuyla sıçrayıp uyanmalarına neden oldu. Sesin geldiği yere dikkatlice bakınca korkudan oldukları yere büzüldüler. Ava çıkmış kocaman bir sürüngen onlara doğru geliyordu. Dev bir kertenkeleye benzeyen, kocaman dişlerinin ve uzun, çatallı kırmızı dilinin her adım atışında görünmesi, kanlarını dondurmuştu. Nefes bile alamıyorlardı. Bu bir dinazor muydu acaba?

"Hayvanlar değişime uğramıştı değil mi?" diye ağlar bir ses tonuyla konuştu Emre. Eliyle Can'ın omzunu öyle sıkmıştı ki parmaklarının eklem yerleri, kan gitmediğinden beyazlaşmıştı.

"Şşşş..." diye susturmaya çalıştı Doğan onu. Fısıldayarak, "Burada olduğumuzu bilmiyor. Bak!" dedi sürüngeni göstererek.

Hayvan, çukurlardan birinin üzerini açmış ve kaptaki suyu bulmuş içiyordu.

"Suyumuzu içiyor!" diye fısıldadı Emre yine.

"Onun bizi fark etmesini mi istiyorsun?" diye azarladı onu Doğan fısıldayarak.

Dev kertenkele suyu içtikten sonra, yavaş yavaş onlara doğru yaklaştı, neyse ki hiçbirini görmeden kayalıkların yanından geçip gitti. Çocuklar bir süredir tuttukları nefeslerini sesli bir şekilde verip rahatladılar. Burası güvenli değildi.

"Burada kalamayız." dedi Can. "Vericiler çalışmıyor. Nerede olduğumuzu bilmiyoruz. Her an vahşi hayvanlara yem olabiliriz. Öğrendiğimiz üzere su üretip yemek bulabiliyoruz. O hâlde burada beklemeyelim ve fanusu bulmaya çalışalım. Ne dersiniz?" diye sordu arkadaşlarına.

Kimse yanıt vermeyince, "Evet, iyi bir fikir değildi. Yönümüzü bulamayız ve kurtarma ekibinin bizi bulması zorlaşabilir." dedi kendini ikna etmek istercesine.

Birdenbire Emre öne doğru atıldı. "Bir dakika, bir dakika! Aslında dediğini yapabiliriz." dedi heyecanla.

"Nasıl?" diye sordu Nazlı.

"Güneş... Güneş doğudan doğup batıdan batıyor." dedi Emre önemli bir şey söylüyormuş edasıyla.

"Aman ne yeni bir bilgi!" diye alaya aldı onu Doğan.

Ona pis pis baktıktan sonra Emre devam etti. "Çölün ne tarafına düştüğümüzü anlarsak yönümüzü bulabiliriz. Annem çantaya harita ve pusula koymuştu." Durdu ve arkadaşlarının yüzüne baktı. "Bir de annem için paranoyak dersiniz."

Nazlı, "Onu biz değil, sen söylüyorsun!" diye tersledi Emre'yi.

"Neyse... Eğer denizi arkamıza alabilirsek haritadaki jeolojik oluşumların yerlerini saptayabilir ve fanusun bulunduğu yöne gidebiliriz." diyerek sözünü bitirdi.

Bu fikre herkesin aklı yatmıştı. Nazlı, "Güneş batmak üzere. Yarın yola çıkarız." dedi.

Can, "Sürüngenin bozduğu kauçuğu su taşımak için

matara hâline sokamaz mıyız acaba? Çok yumuşamış görünüyor." dedi.

Nazlı ve Doğan beraber uğraştılar ve bozulan torbayı büküp olabildiğince uzun ve ince bir silindir şişe hâline getirdiler. Küçük bir kauçuk parçasını şişenin ağzına koyup küçük bir taşla sıkıştırdılar. Şişeyi ve kapağını birkaç damla suyla sınadıktan sonra, suyun akmadığından emin oldular.

"Diğer kaplardaki suyu şişeye boşaltıp, çukurları tekrar kurabiliriz." dedi Can.

"Sabaha kadar biriken suyu da şişeye ekler öyle yola çıkarız." diyen Nazlı onun sözünü tamamladı.

Her şey planlanmıştı. Çöl iklimi gereği akşamüzeri hava serinleyince hepsinin üzerine tatlı bir uyku çöktü. Yaşadıkları olayın ve günün yorgunluğu, çok geçmeden uyumalarına neden oldu. Uykuya dalmadan önce hepsinin aklından, içlerinden birinin nöbet tutması gerektiği geçtiyse de kimse ağzını açıp bir şey söyleyecek enerjiyi bulamadı. Göz kapakları yavaş yavaş ağırlaştı ve hepsi uykuya dalıverdi.

6. Bölüm

Tedirgin bir şekilde uyuyan çocuklar şafak sökerken kalktı. Arama ekibinin onları bulamamış olmasına da üzülmüşlerdi. Nazlı ve Doğan, kaplarda biriken suyu, yaptıkları kauçuk mataraya doldurdu. Rulo yapılan torbaları koydukları çantaları da sırtlarına alınca yola çıkmaya hazırlardı. Doğan, Can'ın çantasını kendi yüklenmişti. Hepsi ondaki değişimi mutlulukla izliyordu. Belki de zannettikleri kadar kötü bir çocuk değildi.

Doğu'nun neresi olduğunu anlamak için güneşin doğmasını beklediler. Çevreye bakıp yüksek bir tepecik aradılar. En yakındaki tepecik yüz metre kadar ilerideydi. Hep birlikte hareket etmeleri gerektiğine karar vererek, tepeye doğru gittiler. Hava henüz ısınmamıştı, bu yüzden zorlanmadan tepeye vardılar.

Doğan ve Nazlı, Can'a yardımcı olduğundan tepeye tırmanmak sorun olmamıştı. Tepenin zirvesine geldiklerinde hepsi elleriyle gözlerine siper edip uzaklara baktılar. Denizi -hatta şansları varsa fanusu- görmeyi umut ediyorlardı.

“İşte! İşte orada!” diye bağırdı Nazlı.

Herkes Nazlı'nın eliyle işaret ettiği yöne bakıyordu. Gözleri ışığa alışınca, renklerdeki farkları da ayırt edebilmeye başladılar. Nazlı haklıydı. Oradaki koyu mavilik deniz olmalıydı. Evet, artık yönleri ve denizin nerede olduğunu öğrendiklerine göre bir başlama noktası belirlemişlerdi. Şimdi sıra Emre'nin harita okuma bilgisindeydi. Herkes merakla onun çantasından haritayı çıkartmasını seyretti. Emre haritayı yere sererek dikkatle inceledi. Arada bir başını haritadan kaldırıp çevreye bakıyordu.

Kısa bir süre sonra, "Pekâlâ. Sanırım nerede olduğumuzu anladım." dedi Emre.

"Sanırım mı?" dedi endişeyle Doğan. "'Sanırım' hiç de iyi bir sözcük değil."

"Sen daha iyisini yapabileceğini düşünüyorsan buyur!" diye terslendi Emre ona doğru haritayı sallayarak.

"Yeter artık! Küçük çocuklar gibi didişiyorsunuz... Nereye doğru yürümeliyiz Emre?" diye sordu Nazlı.

Emre hiç tereddüt etmeden dağlık bir bölgeyi göstererek, "Oraya." dedi.

"İyi o zaman, bir an önce yürümeye başlayalım, yoksa güneş tepeye çıkacak." dedi Can tepeden aşağıya doğru zorlukla inerken.

Doğan, hâlâ Emre'nin doğru karar verdiğinden emin değildi. Emre'ye eğilip kulağına, "Eğer bizi yanlış yöne götürürsen..."diyordu ki Can araya girdi.

"Birbirimize güvenmek zorundayız. Biz sana güvendik ve yılan eti yedik değil mi? Sen de bize güven!" dedi Can.

Nazlı da ona destek çıkarak, "Birlikten kuvvet doğar."

dedi ve sonra Can'a yaklaşıp onun sağlam elini tutuverdi. Can'ın kalbi yerinden oynayacak gibi oldu. Bu dokunuş ona enerji vermiş, kırık kolundaki ağrıyı unutturmuştu. Birbirlerinin yüzüne bakmadan yürümeye başladılar.

Güneşin ışıkları çöle dik düşmeye başladığında, sıcaklık da dayanılmaz bir hâl almıştı. Arkalarından çıkan bir rüzgârın onları ileriye doğru itmesi şanslarının iyiye doğru döndüğüne işaretti. İlk başta rüzgâr hoşlarına gitti ama esintinin kuvveti fazlalaşınca önlerini görememeye ve yürümekte zorluk çekmeye başladılar. Şimdi çölün başka bir fırtınasıyla tanışıyorlardı: Kum fırtınası. Minik kum taneleri, gözlerine, burun deliklerine giriyor, nefes almalarını engelliyordu.

Akıllarına rehberin dağıttığı maskeler geldi ama kollarını kaldırıp çantaları açmakta zorlanıyorlardı. Birbirlerine sesleniyor ama havada uçuşan kumlar duvar görevi yaptığından birbirlerini duyamıyorlardı. Dizlerinin üzerine çömelip başlarını karınlarına çekerek yumuldular. Kum fırtınası birkaç dakika sonra başladığı gibi aniden bitti.

Kalkıp üzerlerindeki kumu silkelediklerinde çölün coğrafyasının değiştiğini gördüler. Fırtına, kum tepeciklerinin yerlerini değiştirmişti. Üstelik tek sorunları da değişen tepecikler değildi. Altlarındaki kum da oynuyordu. Hem de ne oynama. Çocuklar önce bu hareketliliği deprem sandı ama Nazlı'yı içine çekmeye başlayınca, çok geçmeden bunun bir kum girdabı olduğunu anladılar.

Nazlı durmadan, "İmdaat! Beni tutun!" diye bağırıyordu. Kız çırpındıkça girdap onu daha da hızlı içine çekiyordu.

Can kolunun acımasına aldırmadan kendisini girdabın içine doğru attı ve kumun içinde yalnızca eli görünen Nazlı'yı tutmayı başardı. Nazlı'yı tutmuştu tutmasına da kendisi de girdabın içine çekiliyordu. Başı kuma gömülünce ayağından birinin tuttuğunu hissetti ama girdap çok güçlüydü. Çok geçmeden tamamen kumun içinde buldu kendisini. Eli hâlâ Nazlı'yı tutuyordu ve ayak bileğindeki el onu sıkı sıkı kavramayı sürdürüyordu. Ağzına ve burnuna dolan kumlardan nefes alamaz hâle gelen Can diri diri gömüldüğünü düşünüyordu ki boşluktan kayarak sert bir zemine düştü. Can'ın ardından bileğini tutan Doğan ve onun da ayak bileğini tutan Emre düştü.

Her yer karanlıktı. Bir fermuar sesi duyuldu. Ardından bir "çıt" sesi geldi ve ardından her yer aydınlandı. Emre çantasındaki güneş enerjisiyle çalışan feneri yakmıştı.

Yerde oturmuş şaşkınlık içinde birbirlerine bakıyorlardı. Nazlı'nın korkudan iri iri olmuş gözlerine bakan Can, onun iyi olduğunu görünce rahatlamıştı. Kolundaki ağrı dayanılmaz boyuttaydı ama hiç olmazsa hepsi yaşıyordu ve birlikteydiler.

"Bu hiç bitmeyecek mi?" diye isyan etti Emre. "Artık bizi hiç bulamazlar!"

Bu sözler herkesi kötü etkilemişti. Büyük bir ümitsizlikle yere bakmaya başladılar. Artık, ne yöne gideceklerini bilmiyorlardı. Yılan avlamak gibi bir şansları yoktu. Suyu nasıl bulacaklarına dair de bir fikirleri yoktu ve en kötüsü de nerede olduklarını bilmiyorlardı. Nazlı'nın ağladığını fark eden Can usulca onun yanına sokulup sağlam koluyla ona sarıldı. Güven duyduğu insanın dokunuşuyla, Nazlı iki gündür tuttuğu gözyaşlarını serbest bıraktı. O ağlarken kimse konuşmadı. Nazlı sanki hepsi için ağlıyordu.

Nazlı'nın ağlaması kesildiğinde, yavaşça başını kaldırıp Can'a, "Teşekkür ederim." dedi.

Can gülümsemekle yetindi çünkü böyle bir durumda ne diyeceğini bilemiyordu. Kimse konuşmuyordu. Bu sessizliğin içinde uzaklardan gelen bir hışırtıyla dördü birden tedirgin oldu. Hışırtı ne uzaklaşıyor ne de yaklaşıyordu. Bu durumda çocuklar da oldukları yerden kımıldayamıyorlardı.

Doğan hışımla ayağa kalkarak, "Ben bu bekleyişe dayanamayacağım ya!" diye konuştu. "Buradan çıkmaya çalışmalıyız!"

Can ona hak veriyordu. Burada böylece oturup beklemek hiçbir şeye yaramazdı. "Haydi kalkıp burayı keşfedelim." dedi. Kimse yerinden kımıldamayınca da "Oylayalım o zaman." diye bir öneri sundu.

Herkesten onay gelince "Burada oturmayı isteyenler?" diye sordu Can. Kimse el kaldırmadı. "Keşfe çıkmak isteyenler?" dediğinde Doğan'la ikisi el kaldırdılar. Kısa bir tereddütten sonra Nazlı da elini kaldırdı. Herkes Emre'ye bakmaya başladı.

Emre üfleyerek elini kaldırırken bir yandan da söyleniyordu. "Çoğunluk kazanır değil mi? Zaten siz gidince ben burada kalacak değilim!" diyip ayağa kalktı.

O anda fark ettiler ki Can'ın çantası yüzeyde kalmıştı. Yine de bunun üzerinde pek durmamaya karar verdiler.

Sesin geldiği yöne doğru yavaş ve ürkek adımlarla ilerlerken Nazlı, "Hiç değilse burası yüzeyden daha serin." dedi.

Korkuyla elini dayandığı toprak duvardan çeken Emre titrek bir sesle, "Evet ama her yer böcek kaynıyor!" diye konuştu.

Doğan, "Burası ne acaba?" diye sordu.

Can, "Bir tünele benziyor." dedi.

Emre, "Belki de bir mağaradır!" diye ekledi.

Can aniden, "Durun!" diyerek durdurdu onları.

"Ne oldu Can?" diye sordu endişeyle Nazlı.

Can bir süre dikkatle dinledikten sonra, "Ben bu sesi tanıyorum!" dedi sesinden belli olan bir heyecanla.

"Ne? Ne? Bize de söyle! Bu ses ne?" diye merakla tekrarlıyordu Emre.

Can, "Bu ses, bir su altı nehri!" der demez hep birlikte sesin geldiği yere doğru koştular.

Can haklıydı. Bu ses bir su altı nehrinden geliyordu. Hem de ne nehir. Emre'nin fenerinden çıkan ışığın aydınlattığı yer, eski masallarda adı geçen, perilerin ardında saklandığı ağaçların arasından şırıl şırıl bir nehrin aktığı orman gibiydi. Nehrin yüzeyinde köpüren sulardan çıkan damlalar ışığın içinden geçmesiyle mağaranın duvarlarında farklı renk oyunları yapıyordu. Yukarıdan aşağıya, nehrin içine uzanan kuru ağaç ve bitki kökleri ortama gizemli bir hava veriyordu. Bir tek perilerin şarkı söylemesi eksikti.

Çocuklar büyülenmiş gibi önlerindeki renkli manzaraya bakakalmışlardı. Masal âleminden ilk uyanan Emre olmuştu. Feneri nehirden uzaklaştırıp bulundukları yerin tavanına doğrultunca orasının pek de masalvari olmadığını gördü. Tepelerinde yarasalar vardı ve Emre, ışığı onlara tutunca hepsi baş aşağı tutundukları dalları bırakmış, korkunç çığlıklar atarak uçuşmaya başlamışlardı.

Nazlı, üzerine gelen yarasaları görünce onlar gibi çığlık atmaya başladı. Emre, korkudan feneri düşürdü ve ne yapacağını bilemez bir halde olduğu yerde bağırıp zıplamaya başladı. Can ise donup kalmıştı. Şu ana kadar hiç bu kadar korktuğunu hatırlamıyordu. Yarasalar onu öyle dehşete düşürmüştü ki girdiği şoktan gözleri yarasalara sabitlenmiş, olduğu yere çakılı kalmıştı.

Doğan, "Yaklaşın!" diye bağırınca, Can'ın dışında kimse ikiletmedi ve büyük bir zorlukla birbirlerine sarılıp çember oluşturdular. Emre arkadaşını hareketsiz görünce zorlukla onu kolundan tutup çemberin içine çekti. Işık açık kaldığından, çocukların da sesleri ve hareketleri sonarlarına takıldığından yarasalar hâlâ uçuyordu. Doğan, "Feneri kapatmalıyız!" diye bağırdı.

Emre, "Ben kapatmam!" diye bağırırken birkaç yarasa başına değdi. Emre tökezledi ve Can'ın kırık koluna çarparak yere düştü.

Kolundaki keskin acının etkisiyle kendisine gelen Can, önce boş gözlerle çevresine baktı, sonra da, "Ben kapatırım." diye çemberden ayrılmak için bir hamle yaptı. Bu kez yarasalar, sonik algılayıcılarıyla hareketlenmeyi hissedip ona doğru uçmaya başladılar. Can, yarasalardan bu kadar çok korkabileceğini hiç sanmazdı ama yanıldığı ortadaydı. Tek başına fenere ulaşması mümkün değildi. Bu yüzden Can, "Hep birlikte fenere doğru gidelim!" diye bağırdı.

Bu daha akıllıca bir hareketti. Birbirlerine sarılmış bir durumda hareket ettiklerinden yüzlerini yarasaların kanat darbelerinden koruyabiliyorlardı. Yavaş yavaş fenere yaklaştılar ve Doğan, feneri alarak kapattı. Kısa bir süre sonra kanat ve çığlık sesleri kesilmişti.

"Herkes iyi mi?" diye sordu Nazlı karanlığın içinden.

Çocuklar tek tek iyi olduklarını söyledikten sonra rahatsız bir bekleyiş başladı. Feneri yakınca yarasaların tekrar saldırmasından korkuyorlardı. Öte yandan, karanlıkta da yollarını bulamazlardı. Çaresiz, tek bir kuş sesi duymayıncaya kadar beklediler.

Can fısıldayarak, "Doğan, feneri yak bakalım." dedi.

Doğan feneri yere tutarak yaktı. Hepsi sessiz bir şekilde yarasaların nasıl tepki vereceğini bekliyordu. Umdukları gibi yarasalar harekete geçmedi.

"Feneri yukarıya tutmadıkça rahatsız olmuyorlar herhalde!" dedi Nazlı.

Kısa bir sessizlikten sonra Emre, "Peki, şimdi ne yapacağız?" diye sordu.

Kimsenin bu soruya vereceği bir cevap yoktu. Bir süre nehrin akışını seyrettiler. Buradan çıkma ümitleri de kalmamış gibiydi. Arama kurtarma ekibinin onları burada bulamayacaklarını da çok iyi biliyorlardı. Kimsenin aklına parlak bir fikir de gelmiyordu. Öylece durup suya baktılar. Hiç değilse, fanustaki diğer insanlardan şanslıydılar çünkü çok uzun zamandır bir nehir gören ilk insanlardı.

Nazlı eğilip elini suya soktu. "Çok güzel." dedi. Suyun serinliği ve akarken elinde bıraktığı yumuşak dokunuş çok hoşuna gitmişti.

Emre, "Kızacaksınız ama benim karnım acıktı." dedi.

Doğan, kendisinden beklenmedik bir davranış göstererek kahkahalarla gülmeye başladı. Hem sinirleri bozulmuştu hem de Emre'nin bu yersiz ve çocukça sızlanışları ona komik gelmeye başlamıştı. Çok geçmeden onun gülmesine diğerleri de katıldı. Emre bile gülüyordu.

Gülmeleri bitince hepsi rahatlamıştı. Ağlamak yerine

güldüklerini hepsi biliyordu. Yine de gerginliklerini biraz azaltmıştı bu gülme krizi. Yarasaların seslerden rahatsız olmaması da iyi bir şeydi. Böylece rahat rahat konuşabileceklerini de anlamışlardı.

“Bu nehir nereye akıyor acaba?” diye sordu Nazlı.

Can, “Her nehir denize akmaz mı?” diye soruya soruyla yanıt verdi.

“Neden aksın ki?” diye başka bir soruyla onlara katıldı Emre.

Bu kez en akıllıca soruyu Doğan sordu. “Nereye akarsa aksın, er veya geç yüzeye çıkmak zorunda değil mi?”

Emre, “Ne yapalım?” diye ikinci soru sorma turuna geçince herkesin kendisi gibi yapacağını düşünmüştü ama yanılmıştı.

Doğan, “Ne yaparsak yapalım ama suyun içine giremeyiz. Eeee... Ben yüzme bilmiyorum!” dedi biraz utanarak.

Diğer üçü ona kısa bir süre baktılar. Doğan onların ne düşündüklerini anlamamıştı ama başına bir şeyin geleceğini de hissedebiliyordu. Nazlı, önce iki sırt çantasına, sonra da Doğan’a baktı. Sanki bir şeyleri ölçer gibi bir hali vardı.

“Bu çantalar suyun yüzeyinde kalır mı Emre?” diye sordu Nazlı.

Emre, gözlerini kısarak çantalara bir baktı. Kafasından hesap yaptı ve başını olumlu şekilde salladı.

"O zaman, biz de bu çantaları Doğan'ın koltuk altlarına yerleştiririz. O da suyun üzerinde kalır." dedi Nazlı.

Bu fikri hiç beğenmeyen Doğan hariç hepsinin gözleri parlamıştı. Aslında oldukça iyi bir takım olmuşlardı. Can ve Emre, çantaların saplarını Doğan'ın kollarına geçirip, birini önüne, diğerini ise sırtına gelecek şekilde yerleştirdiler. Doğan, feneri kendisinin tutmasında ısrar edince onu pek zorlamamaya kara verdiler.

Nazlı, diğerlerinin hazır olduğuna karar verdiğinde suyun içine atladı. Diğerleri küçük bir şaşkınlık yaşadı. Suya atlayıp atlamama konusunda kararsız kalmışlardı. Bir tek Can, Nazlı'yı kaybetme korkusuyla onun arkasından suya atlamaya hemen karar verdi. Can'ın da suya atladığını gören diğer ikisi, orada tek başlarına kalma korkusuyla diğerlerini izledi. Doğan'ın, büyük çaba harcayarak suyun üzerinde tutmaya çalıştığı fener, kontrolsüz bir şekilde gittikleri yolu aydınlatıyordu. Kendilerini nereye götürdüğünü bilmedikleri nehrin içinde uzun bir yolculuğa çıktılar.

7. Bölüm

Uzun bir süre suya batmamaya çalışan çocuklar, nehrin akıntısıyla yer altındaki uzun bir tünelin içinden geçmişlerdi. Nehir onları her nereye götürüyorsa, varmak istedikleri yerden çok uzaklarda bir yerde yüzeye çıkacakları kesindi.

Ne kadar süredir sürüklendiklerini bilmedikleri suyun üzerinde dengelerini tam bulmuşlardı ki, akıntının hızı arttı. Bir kez daha suyun içine batıp çıkmaya başladılar. Su yuttuklarından ve boğulma tehlikesi geçirdiklerinden birbirlerine bağırmaları ya da tutunmaları imkânsızdı. Suyun sesinde bir değişiklik olmuştu. Gök gürültüsüne benzeyen, insanın tüylerini diken diken eden bir yankı vardı şimdi tünelde. Her yerin karanlık olması korkularını arttırmış, zaten yorgunluktan düzensiz atan kalpleri göğüslerinden çıkacak hâle gelmişti.

Daha ne olduğunu anlayamadan kendilerini boşluğun içinde uçarken buldular. Düşmekten kaynaklanan -ve yer çekiminin gücünü bedenlerinde hissetmelerine neden olan- garip bir duygu karınlarının alt bölgelerini rahatsız etmişti. Yine ne olduğunu anlamadan sert bir şekilde şelalenin dibindeki su birikintisine çarpmışlardı. Tehlike henüz sona ermemişti çünkü nehir akmaya devam ediyordu. Soluklanamayan, korkudan çırpınan ve suyun üzerinde denge kuramayan çocuklar büyük bir hızla sürüklenmeye devam etti.

Zaten kötü olan durumlarına suyun dar bir tünele girmesi de eklenmişti. Artık başlarını suyun yüzüne çıkartamıyor, bedenlerinin her yeri dar tünel duvarlarına çarpıyordu. Birden işler daha da kötüye gitti ve tünel tuzlu, akıntısız ve derin denize boşaldı.

Kısa bir süre can havliyle çırpınan çocuklar suyun kaldırma gücünü tekrar keşfetti. Oksijensizlikten kaynaklanan baygınlıkla uyanıklık arasında, suyun kendilerini yukarıya doğru taşımasına izin verdiler. Tuzlu su genizlerini yakmış, dar tünelde aldıkları darbelerin ve yaraların daha fazla acımasına neden olmuştu.

Yüzeye çıktıklarında öksürmeye başladılar. Biri hariç: Doğan öksürmüyordu. Hatta Doğan'ın sesi hiç çıkmıyordu. Gece olduğundan birbirlerini göremiyorlardı ve Nazlı, Doğan'ın sessizliğinin hayra alâmet olmadığını düşünerek paniğe kapıldı.

"Doğan! Doğan!" diye bağırdı panik içinde. "Doğan nerede? Emre... Can... Doğan nerede?" diye bağırmaya devam etti. Bağırırken de su yutuyordu.

Gözleri ayın aydınlattığı gece karanlığına alışmaya başlayınca denizin üzerinde kalmaya çalışarak Doğan'ı aradılar. Kolu ağrıdığından Can yüzmekte zorlanıyordu.

Emre, "Burada! Buldum! Burada! Onu tuttum!" diye bağırınca Can biraz rahatlamıştı ama Doğan'ın sesi hâlâ çıkmıyordu.

"O iyi mi?" diye bağırdı Can onları görmeye çalışırken.

"Baygın!" diye yanıt verdi Emre.

" Neredesin?" diye bağırdı Can.

"Buradayım. İyiyim. Nazlı, sen neredesin?" diye sordu güçlükle.

"Buldum onları!" diye bağırdı Nazlı nefes nefese.

Tam o anda suda bir çırpınma oldu ve Nazlı bağırdı. "Dur Doğan! Dur! Emre tut onu!"

"Tutabilsem tutacağım! Ama çok iri!"

"Dur!"

Nazlı'nın sesi birden kesildi. Sonra, derin ve sesli bir nefes aldı.

"Dur dedim! Bırak beni!"

Yine sesi kesildi.

Emre, "Doğan bırak onu, boğulacak!" diye bağırdı. "Nazlı! Neredesin?"

Doğan, can havliyle çırpınırken, farkında olmadan Nazlı'nın başına güçlü bir tekme atmıştı. Başından darbe yiyen Nazlı da baygınlık geçirmişti.

Can bu olan bitene uzak kalmıştı ama seslerin geldiği yöne doğru yüzdü. Emre ve çırpınan Doğan'a ulaştığında Nazlı görünmüyordu.

"Nazlı nerede Emre!" diye korkuyla bağırdı Can.

Emre, "Doğan onu suyun içine çekti galiba. Boğulmuş olmasın!" diye yanıtladı dehşet içinde.

Can suya dalıp çıkıyor, Nazlı'yı bulmaya çalışıyordu. Önce Doğan'ın ellerini kontrol etti. Nazlı'yı tutmuyordu. Karanlık suda ellerini savurarak Nazlı'yı bulabilmeyi umuyordu. Tuzlu su onu dibe çekmezdi. Yüzeye yakın bir yerlerde olmalıydı.

Bu arada Emre, Doğan'ı giysisinin arkasından yakalamış, kıyıya doğru zorlukla çekiyordu. Gözleri karanlığa alıştığından ay ışığı da biraz olsun ortalığı aydınlattığından, karanın çok da uzak olmadığını fark etmişti. Emre, Doğan'ı karaya bırakınca geriye dönüp Can'a yardım etmeye karar verdi.

Can'ın da gözleri karanlığa alışmıştı ve biraz ötesinde suyun üzerinde yüzen karartıyı görmüştü. Çok geçmeden Emre'de geldi ve Can'a Nazlı'yı karaya çekmek için yardım etmeye başladı çünkü Can'ın kırık kolu hem kendisini hem de Nazlı'yı suyun üzerinde tutmayı imkânsızlaştırmıştı. Kara çok uzakta değildi. Kolları sert bir yere çarptığında, kimsede kımıldayacak hâl kalmamıştı. Doğan ise biraz olsun kendisine gelmişti.

"Elini uzat Doğan!" diye seslendi Emre.

Doğan, önce Nazlı'yı ardından da Emre'yle Can'ı sudan dışarıya çekti.

Can'ın kolu ağrımıyordu artık. Düşünebildiği tek şey Nazlı'nın nefes alıp almadığıydı. Sırt üstü yatan Nazlı'nın yüzüne eğildi ve burnundan nefes alıyor mu diye kısa bir süre dinledi. Nefes almıyordu. İçini bir korku kapladı ama şimdi korkma zamanı değildi.

Emre'ye dönerek, "Göğüs kemiğinin altını bul!" dedi. "Buldun mu?"

Emre başını sallayınca, "Tamam, ben söylediğimde avucunun içiyle kuvvetli bir şekilde dört defa bastır." diye talimat verdi.

Can daha fazla zaman kaybetmeden Nazlı'nın başını arkaya doğru itti. Sağlam eliyle kızın burun deliklerini kapattı ve ağzını aralayarak, Nazlı'nın ağzının içine üfledi. Sonra hemen, "Bastır Emre!" dedi.

Emre titreyen elleriyle dört defa bastırdı Nazlı'nın göğsüne. Olmamıştı... Nazlı nefes almıyordu... Can bir daha Nazlı'nın ciğerlerine hava üfledi, Emre bir daha göğsüne dört defa bastırdı... Bir daha... Bir defa daha... Bir... Nazlı aniden öksürmeye, ciğerlerindeki suyu dışarıya çıkartmaya başladı. Olmuştu! Başarmışlardı! Nazlı yaşıyordu!

Nazlı hem üşüdüğünden hem de geçirdiği şoktan titremeye başlayınca, Can sağlam eliyle ona sarılıp yumuşak bir sesle, "Geçti artık. Hepimiz iyiyiz." dedi.

"Üşüyorum." dedi Nazlı titrek bir sesle. Dişleri birbirine çarpmaya başlamıştı.

Dört arkadaş birbirlerine sokuldular. Nazlı'yı ortalarına almışlardı. Hepsi üşümüş, hepsi çöl ikliminin bu serin gecesinde donmamak için ördek yavruları gibi birbirlerine

sokulmuştu. Serin havada avlanmak için yuvalarından çıkan vahşi hayvanların garip bağrışmaları vardı çevrede. Zaten ıslak ve üşümüş olan çocuklar bu sesleri duydukça daha da korkmuştu. Birbirlerine daha sıkı sarılarak güneşin doğmasını beklediler.

Güneş hiç bu kadar yavaş doğmamıştı. Soğuktan ve ıslaklıktan vücut ısıları iyice düşen çocuklar, fanusa dönünce bilim adamlarına ıslanmayan iç çamaşırı yapmalarını önereceklerdi. Sabaha kadar konuşmamış, birbirlerinin nefeslerini ve hayvanların seslerini dinlemişlerdi.

Güneşin ilk ışıklarıyla birlikte ortalık aydınlandığında ilk defa kendilerinde cesaret bulup çevreye baktılar.

Can'ın hayali olan denize dokunma fikri artık hiç de çekici gelmiyordu. Denizle tanışması hiç de hoş olmamıştı. Yine de denizin görüntüsü muhteşemdi. Bulundukları yerden, karartı halinde de olsa, karşı kıyıyı görebiliyorlardı. Üzerinde güneş ışıklarının oynaştığı denizin koyu mavi dalgalarının arasından metal parçaları göze çarpıyordu. Bunlar antene benziyordu. Daha dikkatlice bakıldığında bu metal çubukların bir zamanlar ev olduğunu bildikleri betonarme yapıların üzerindeki antenler olduğunu anladılar. Demek, buzulların erimesi, deniz sularını bu denli yükseltmişti.

Sıcak bastırınca giysileri de kurumuştu. Tuzlu sudan çatlayan dudaklarına rağmen şimdi çevrelerine daha dikkatle bakabiliyorlardı. Doğan'ın gözüne suyun üzerinde yüzen bir obje takıldı. Yavaş yavaş o yöne doğru gidince sanki hazine bulmuş gibi sevindi.

"Emre! Emre! Çantanı buldum!" diye bağırıyordu.

Emre olabildiğince hızla Doğan'ın olduğu yere doğru koştu. Çantanın üzerine işlenmiş isminin baş harflerinden, çantanın kendisine ait olduğunu o da anlamıştı. Kıyıya vuran çantayı çekip aldılar.

"Çantanın içinde su var mı?" diye sordu Doğan.

Yuttukları tuzlu su hem boğazlarını tahriş etmiş hem de onları susatmıştı. Emre, hayır anlamında başını sallayınca Doğan durumu kabullenip diğerlerinin yanına gitti.

Emre de gelerek, "İstersen tuz tableti var." dedi Doğan'a. Sonra canı sıkkın bir şekilde ekledi, "Tabii eğer suda erimemişlerse."

"Emre, ağrı kesici bantlardan daha var mı?" diye sordu Can.

Yüzündeki ifadeden herkes onun çok ağrısı olduğunu anlamıştı. Emre, çantayı karıştırıp bir ağrı bandı çıkarttı, Nazlı da onu Can'ın koluna yapıştırdı. Kısa bir süre sonra Can'ın ağrısı azalmıştı.

Denize arkalarını döndüklerinde önlerinde bir sürü kum tepesi olan çölü görüyorlardı. Aşmaları gereken ilk tepe oldukça yüksekti. Aç, susuz ve yorgun olan çocuklar, tepenin ardında onları ne gibi bir tehlike beklediğini merak ediyorlardı.

Tepeyi zar zor tırmanabildiler. Tepenin ardını gördüklerinde ise şaşırıp kaldılar. Oldukça büyük bir alanı kaplayan, okulda seyrettikleri filmde gördükleri arabaların paslanmış iskeletlerinin, kaportalarının, lastiklerinin olduğu bir hurda yığını vardı.

Çölün ortasındaki bu çirkin metal yığını hepsinin ilgisini çekmişti. Can'ın aklına, bu metal yığını arasında atenölçerin içindeki vericiyi çalıştırabilmek için bir devre bulabileceği gelmişti. Doğan, gölgelik bir alan bulmayı ümit ederken Emre, Doğan onlara yılan avlar mı diye düşünüyordu. Nazlı ise hayatta kalmış olmaktan son derece mutluydu.

Hurdalığa yaklaşırken üzerlerine doğru gelen kapkara bir yaratık gördüler. Yine hepsi bir araya toplanmıştı. Tehlike anlarında birbirlerine tutunmak her birinde huy hâline gelmişti. Yaratık yaklaştıkça şekli daha belirgin hâle gelmiş, zaten hırlama ve havlama sesinden de onun bir köpek olduğunu anlamışlardı.

Köpeğin yakına gelince sivri dişlerini göstererek hırlaması hiç de arkadaşça görünmüyordu. Çocuklar, bu kadar tehlike atlattıktan sonra aç ve vahşi bir köpeğe yem olma düşüncesini hiç beğenmemişlerdi. Köpek olduğu yerde onları korkuturken arkadan bir adam köpeği çağırmaya başladı.

"Minik, Minik, gel! Gel dedim sana!" Adam bir yandan bağırırken bir yandan da onlara doğru yaklaşıyordu.

Bu kocaman kara köpeğe "Minik" adı hiç de yakışmamıştı doğrusu. Sahibi onu çağırdıkça köpek yavaş yavaş sakinleşti ve yere oturup ince sesler çıkartmaya başladı. Deminki korkunç hâlinden eser kalmamıştı.

Adam köpeğin yanına geldi ve gülerek hayvanın başını okşadı. "Korkmayın, Minik beni ve bu koca hurdalığı korumayı kendine görev edindi." dedi sevecen bir tavırla. Sonra, çocuklara teker teker bakarak, "Siz de nereden çıktınız böyle, bütün dünyayı gezmiş gibi bir haliniz var." dedi.

"Öyle sayılır!" diye yanıt verdi Emre.

Adam, "Çok yorulmuş, acıkmış ve susamış görünüyorsunuz." dedikten sonra, "Haydi beni izleyin, bende size göre bir şeyler var." dedi.

Doğan hiç tereddüt etmeden adamı izledi. Nazlı da birkaç adım arkasından gidiyordu. Emre ise olduğu yerde durmuş, durum değerlendirmesi yapıyordu. Yürümeye başlayan Can'ı kolundan tutup kendisine çekti.

"Sence bu güvenli mi?" diye sordu.

"Ne güvenli mi?"

"Tanımadığımız bu adamla, şu korkunç hurdalığa gitmemiz."

"Saçmalama Emre. Neden güvensiz olsun ki?"

"Ne bileyim? Adam katil, kaçakçı, yamyam falan olabilir..."

"Uf Emre, uf ya! Burada kalırsak, zaten ya susuzluktan öleceğiz, ya açlıktan ya da vahşi hayvanlara yem olacağız. Bundan daha güvensiz ne olabilir ki?" dedikten sonra hurdalığa doğru yürümeye başladı Can. Emre'nin hâlâ kararsız bir şekilde arkasından baktığını görünce de, "Biz dört kişiyiz, o ise bir, bize ne yapabilir ki?" diye onu ikna etmeye çalıştı.

Emre bu sözleri duyunca, arkadaşına hak vermeden edemedi ve o da diğerleri gibi adamı izlemeye başladı. Hem yürüyor hem de adamdan gelebilecek tehlikeleri tahmin etmeye çalışıyordu.

Hurdalık içi paslanmış ve parçalanmış bir sürü araba parçasıyla doluydu. Çocuklar, ağızları açık, hayatlarında ilk defa gördükleri bu yere bakıyorlardı. Öbek öbek metal yığınlarının arasından sarkan renkli kordonlar ve kablolar sarkıyordu.

Hurdalığın tam ortasında, üzerinde kocaman güneş enerjisi toplama aygıtları olan devasa bir metal ezme makinesi vardı. Makine kulakları sağır edecek kadar gürültülü bir şekilde çalışıyordu. Makineden uzanan, parmaklara benzeyen bir kepçe metal yığınlarından taşıyabildiği kadar hurda alıyor ve bunları kocaman metal bir kutunun içine atıyordu. Sonra ağır olduğu her hâlinden belli olan büyük, metal bir plaka kutunun içine inip parçaları eziyordu. Bu sıkıştırma işlemi tamamlanınca biraz önceki hurda yığını incecik bir metal levha hâlinde yürüyen bantlar üzerinde toplama alanına atılıyordu.

"Metal geri dönüşüm ünitesi hoşuna gitti bakıyorum." dedi yanı başından gelen bir ses Can'a.

Can makineyi seyretmeye o kadar dalmıştı ki hurdacı adamın yanına gelip ona baktığını fark etmemişti bile.

Adam ince metal levhaları göstererek, "Bunlar geri dönüştürülüp yararlı hâle getiriliyor." dedi.

Can yalnızca, "Çok ilginç!" diyebildi.

"Burada arabadan tut helikoptere hatta metal tabaklara kadar her türlü araç gereç bulabilirsin." dedi adam. Sonra Can'ı sırtından hafifçe iterek, "Haydi gel, size su ve yemek vereyim. Bir de senin koluna bakalım." dedi. "Oldukça hırpalanmışsınız."

Çocuklar kana kana su içtikten sonra, yaşlı adamın verdiği sandviçleri yemeye başladılar. Emre, yemeklerde zehir olabileceğinden şüphelendiği için arkadaşlarına bir şey olmadığından emin olunca küçük küçük ısırıklar alarak sandviçini yedi.

Karınları doyunca adamın yaralarını sarmalarına izin verdiler. Can'ın kolunun sargılanması ve boynuna bağlanması biraz uzun sürdüyse de buna değmişti çünkü kolu daha az ağrımaya başlamıştı.

"Evet, anlatın bakalım, niye buradasınız?" diye sordu adam çocukların dinlendiğini görünce.

Başlarından geçenleri hiçbir ayrıntısını atlamadan anlatan çocuklar, yaşadıklarının adamı şaşkına uğratmasından çok hoşlanmış, olayları daha da abartmışlardı. Anlatacakları bitince adam içten bir kahkaha atmış, onları cesaretlerinden dolayı kutlamıştı.

"Sizin iletişim aracınız var değil mi? Fanusu arayabilir miyiz?" diye heyecanla sordu birden Can.

Adam, üzgün bir tavırla onu yüzüne bakarak, "Ne yazık ki yok." dedi.

"Nasıl olur?" diye isyan etti Emre her zamanki heyecanlı haliyle.

"Birkaç gün önce çok şiddetli bir fırtına koptu. Telsizim elimden düştü. Kendimi sığınağa zor attım." Sıkkın bir ifadeyle, "Hurdaları toplamak o kadar fazla zamanımı aldı ki araca binip fanusa gidemedim ve durumu yetkililere anlatmaya zamanım olmadı." dedi.

"Araç mı?" diye atıldı Nazlı. "Bizi fanusa götürebilecek aracınız mı var?"

"Evet."

Nazlı, "O hâlde ne bekliyoruz? Haydi gidelim!" diye konuştu heyecanla.

"Şey, olmaz." dedi adam üzgün bir tavırla.

"Neden?" diye sordu Emre ve Doğan bir ağızdan.

"Çünkü birkaç gün sonra büyük bir hurda teslimatı var. Telsizim olmadığı için onlara haber veremem. Gelenler beni burada bulamazlarsa iş aksar, üretim durur, gelen adamlar burada beklemek zorunda kalırlar ve işimden bile olabilirim."

Yaşlı adam, çocukların yüzlerinin asıldığını görünce, "Ama eğer aracı kullanabilirseniz onu size ödünç verebilirim." dedi.

Bu teklif hepsi tarafından mutlulukla karşılandı. Yalnız bir sorun vardı. Aralarından kimse aracı kullanmayı bilmiyordu.

"Ama biz daha önce hiç araba kullanmadık." dedi Doğan hayal kırıklığı içinde.

Adam gürültülü bir kahkaha attıktan sonra, "Onu kullanmakta ne var? Ben size bir saatte öğretirim." dedi.

Nazlı, "Yani teklifinizde ciddi misiniz?" diye sordu.

"Evet. Fanusa varınca birisi aracı geri getirir nasıl olsa. Hem onlara bana bir telsiz getirmelerini de söylersiniz." dedi adam.

Kısa bir dinlenmenin ardından, çocuklar arabayla tur atmaya başladı. Yaşlı adam önce onlara arabanın nasıl çalıştığını anlatmış, sonra da hurdalığın içinde kısa bir tura çıkartmıştı. Çocuklar hurdalığa mı baksınlar, yoksa aracı kullanmayı mı öğrensinler şaşırmışlardı.

Şimdi aracı kullanma sırası onlara gelmişti. Teker teker aracı çalıştırıp ileri geri oynattılar. Hepsi de araba kullanmaya yatkın olduklarını öğrenmiş ve böyle bir şansı buldukları için de mutlu olmuşlardı. Araba kullanmak çok hoşlarına gitmişti ama en çok da Emre sevmişti direksiyonda oturmayı.

Yaşlı adam bu coşkulu topluluğu arabanın üzerinden indirebilmek için oldukça çaba harcadı. Arabanın çalışabilmesi güneş enerjisini depolamasına bağlıydı. Uzun süredir çalışır durumda olan arabanın enerjisi bitmek üzeriydi. Güneşin batmasına da bir iki saat kalmıştı. Bu yüzden, arabayı durdurup enerji toplaması için güneşe bıraktılar.

Yorgunluğa ve uykuya yenik düşmeden önce Can'ın aklına vericiye takabileceği devre geldi. Yaşlı adam onu hurdalığın bir köşesindeki depoya götürdü. İçeriye girdiklerinde, neredeyse Can'ın dudağı uçuklayacaktı. Burada büyük büyük dedesinden kalma bilgisayarlardan çalar saate kadar her türlü elektronik devre vardı. Can, kablo ve elektronik aletleri eliyle karıştırınca, atenölçerdeki vericininkine benzer bir devre buldu.

Adam, "Aradığını buldun mu?" diye sorduğunda Can gülümseyerek başını salladı. Artık sığınağa inip vericiyi tamir etmek gerekiyordu.

Vericideki kırık devreyi yenisiyle değiştirince, atenölçerin içinde minik, kırmızı bir ışık yandı. Bu ışığın, atenölçere mi yoksa vericiye mi ait olduğunu kestirmek zordu, yine de vericinin olmasını umut ettiler.

Sığınağın havasız ortamı, yaşadıkları heyecan ve korku

dolu üç gün ve en sonunda eve gidebileceklerini öğrenmek, çocukların uykularını getirmişti.

Yaşlı adam ranzaları açtı ve uykuya dalan çocukların nefes alışverişlerindeki yavaşlamayı dinledi.

İçinden, "Zavallı çocuklar oldukça fazla şey yaşamışlar." diye geçirdi.

Arabayı fanusa kadar götürebilmelerini bütün kalbiyle ümit ediyordu. "Anne ve babaları kim bilir ne kadar telaşlanmışlardır?" diye düşündü. Onun ailesi yoktu. Sadece kendisine karşı sorumlulukları vardı.

Çocuklara bir kez daha göz ucuyla bakınca, bir ailesi olsaydı şimdi bu hurdalıkta yaşlanıyor olmayacağını düşünerek hayıflandı.

8. Bölüm

Yaşlı adam çocukları sabah erkenden uyandırmıştı. Onlar uyurken bir çanta dolusu sandviç, bisküvi ve su hazırlamıştı. Üstelik çocukları sevindirecek başka bir haberi daha vardı: Arabanın yön bulma yazılımını fanusun kuzey kapısını bulması için yeniden ayarlamıştı.

Çocuklar, mısır gevreği ve süt tozuna su ekleyerek yaptıkları sütten oluşan kahvaltılarını ettikten sonra, yaşlı hurdacı onlara yön bulma aygıtından ve onu nasıl kullanacaklarından bahsetmişti. Aygıt her beş kilometrede bir gidecekleri yönü gösteren bir ok işaretiyle sinyal veriyordu. Kullanımı basit görünse de, sinyal değişikliğinin farkına varmazlarsa ya da bir sinyali atlayıp diğerini görürlerse, fanustan çok farklı yerlerde bulabilirlerdi kendilerini.

Araba kullanmasını çok sevdiği için herkes Emre'nin şoför olmasında fikir birliğine vardı. Herkes arabadaki yerlerini alınca, Emre'nin yanına, öne oturan Can yön bulma aygıtını çalıştırdı. Doğan ve Nazlı da arabanın arka koltuğuna kurulmuştu.

"Dikkatli olun." diye uyardı onları yaşlı hurdacı.

"Teşekkür ederiz." dedi Nazlı kibar bir şekilde gülümseyerek. Sonra arabadan inip yaşlı adama sarıldı.

Nazlı arabaya binince yaşlı adama el sallayarak yola çıktılar.

"Bana arabamı ve yeni bir telsiz göndermeyi unutmayın." diye bağırdı adam onların arkalarından.

Fanusta ise işler karışmıştı. Çocukların vericilerinin çalışmıyor olması ve çölün farklı yerlerinden gelen fırtına haberleri, fanustakilerin çocukların hayatlarından endişe etmelerine neden olmuştu. Arama kurtarma ekibi de bir süre sonra elleri boş dönünce çocukların anne ve babaları perişan olmuşlardı.

Deniz Öğretmen kayıp çocukların velileriyle özel olarak ilgileniyor, kendini bu durumdan sorumlu hissediyordu. Suçluluk duyduğu için ağlamaktan gözleri şişmişti. Rehber ise ikinci bir arama kurtarma turu düzenlenmesi konusunda yetkililere ısrar ediyordu. Yetkililer, velilerle diğer insanların da ısrarları artınca, fırtınalara rağmen Arama kurtarma ekibini bir kez daha dış dünyaya çıkartmayı kabul etti.

Ekip bu kez vericilerin birinden gelen sinyali değerlendirecek ve sinyalin geldiği yöne gidecekti. Aslında sinyalin geldiği bölge fanustan o kadar uzaktaydı ki ekip, çocukların oraya gitmelerini olası bulmuyordu. Yine de yola koyuldular. Gidecekleri yer bir günde ulaşılacak kadar yakın olmadığından kamp kura kura gideceklerdi.

Ekip dışarıya çıktığında fanusun içinde bir ümit ışığı belirdi. Fanus kanunlarına göre siviller özel izin olmadan dış dünyaya çıkamıyordu. Hele böyle tehlikeli ve duyguların ağır bastığı arama kurtarma durumlarında velilerin de çocuklarını ararken kaybolmaları olasılık dâhilinde olduğundan dış dünyaya yalnızca kurtarma ekipleri gidebiliyordu. Yüz yılı aşkın bir zaman içinde dünya nüfusunun yüzde elli ikisi salgın hastalıktan, kıtlıktan ve su savaşlarından ölünce, var olan nüfusu korumak açısından bütün ülkelerin parlamentolarında acımasız gibi görünen birçok yasa çıkartılmıştı. Bu yüzden, velilerin çaresizce oturup beklemekten başka yapacak bir şeyi yoktu.

Çölün bir yerindeki çocuklar, fırtına onları bir yerlere fırlattığından beri ilk defa eğleniyordu. Arabayı sanki kırk yıllık şoförmüş gibi süren Emre büyük bir ustalıkla kum tepelerini aşıyordu. Can hem eğleniyor hem de yön bulma aracındaki sinyalleri atlamamaya özen gösteriyordu. Tek sorunu, araba sarsıldığında acıyan koluydu. Nazlı ve Doğan ise başlarını arabanın yanlarından dışarıya uzatmış, sıcak çöl rüzgârının yüzlerine vurmasının keyfini çıkartıyorlardı.

Nazlı başını içeri sokarak, "Can, sence verici çalışıyor mudur?" diye sordu.

Can kısaca, "Bilmiyorum." dedi gözlerini yol bulma sinyalinden ayırmayarak.

"Çocuğu konuşturma Nazlı. Bir daha kaybolmak istemiyorum." diye atıldı Emre.

Çok dik bir kum tepesini aşmaya çalışıyorlardı. Zorlanarak da olsa aştılar, ama inerken arabanın tekerleği kuma saplandı. Araba kullanmadaki deneyimsizliği yüzünden Emre,

kuma saplanan tekerleği çıkartmak için gaza bastı. Tekerlek döndükçe kuma daha çok battı.

"Yok artık!" diye isyan etti Doğan arabadan kendisini dışarıya atarken. "Haydi çocuklar gelin de arabayı itelim."

Diğerleri de arabanın arkasına gelince, "Çalıştır Emre." diye bağırdı Doğan.

Emre motoru çalıştırdı. Biraz öne, biraz arkaya... Ama araba hiçbir yere gitmedi. Aksi gibi, kuma daha da saplandı.

Nazlı, "Bu kadar da şansızlık olmaz ki!" diye bağırdı kendi kendine.

Can ona bakıp "Sakin ol." dedi ama kumun içine gömülen tekerleğe göz atınca arkadaşına hak verdi. "Şimdi ne yapacağız?" diye sordu.

Can yön bulma aygıtına doğru giderken fanusun ne kadar uzaklıkta olabileceğini tahmin etmeye çalışıyordu. Üzerinde kırmızı bir okun yanıp söndüğü ekrana bakınca fanusa elli kilometre kaldığını gördü. Güneş tepelerindeyken bu mesafeyi yürümeleri imkânsızdı.

Arkadaşlarına dönen Can, "Sizce elli kilometreyi yürüyebilir miyiz?" diye sordu. Sönük gözleri ve mutsuz yüzleriyle kendisine bakan arkadaşlarından farklı bir durumda olmayan Can, "Bence güneşin biraz alçalmasını bekleyelim. Yemek yiyelim. Sonra da yürümeye başlayalım. Fanusa ne kadar yaklaşırsak bizi bulmaları o kadar kolaylaşır." dedi.

"Elli kilometreyi ne kadar sürede yürürüz?" diye sordu Doğan.

"Elli kilometreyi yürümek mi? Kesin ölürüz!" diye haykırdı Emre kendisini kuma atarak.

Nazlı biraz düşündükten sonra, "Eğer yanlış yöne sapmazsak... on saatte fanusa varırız. Eğer mola verirsek on üç saat kadar sürer herhalde." dedi.

"Kesin ölürüz!" diye haykırdı Emre bir kez daha.

"Doğan, sen ne düşünüyorsun?" diye sordu Can.

Fikrinin sorulmasına şaşıran Doğan kısa bir duraksamadan sonra, "Yürüyelim." dedi.

Nazlı da bu fikri onaylamıştı. Geriye Emre'yi ikna etmek kalıyordu. Can, en yakın arkadaşının bir sandviçten sonra kendini daha iyi hissedeceğini ve bu karara katılacağını düşünüp yemek yemeyi önerdi. Buna kimsenin itirazı olmamıştı.

Yemekten sonra, Emre ve Doğan, güneşin alçalmasını arabada şekerleme yaparak beklemeyi tercih ederken Can ile Nazlı arabanın önündeki gölgeye oturmayı tercih etti. Sırtlarını arabaya dayamış, kuma gömdükleri ayaklarına bakıyorlardı. Can, sağlam kolunun tarafında oturan Nazlı'nın elini tutmak istiyor ama cesaret edemiyordu. Sonra, henüz ona kız arkadaşı olur mu diye soramadığını hatırladı.

Can, Nazlı'nın elini nasıl tutacağını düşünürken Nazlı

eğilip onu yanağından öptü. Delikanlı şaşırmış ve utanmıştı. Elini yanağına götürünce Nazlı, "Bu beni boğulmaktan kurtardığın için." dedi.

Can, Nazlı'yı hep beraber kurtardıklarını biliyordu. "Aslında tek başıma değildim." dedi.

"Onlara da teşekkür edeceğim."

Can, onun diğerlerini de öpüp öpmeyeceğini merak etti. Eğer onlardan birisinden daha çok hoşlanırsa onun erkek arkadaşı olma şansını yitireceğinden korktu ve "Benim kız arkadaşım olur musun?" diye sordu tek nefeste.

Nazlı şaşırarak ona baktı ve "Ben öyle olduğumu sanıyordum." dedi.

Can'ın yüzüne kocaman bir gülümseme yerleşmişti. Gülümsemesine engel olamıyordu. Nazlı onun bu hâline güldü ve "Çok tatlısın." dedi.

Can yüzündeki gülümsemeyle ona bakıp "Sen de." dedi.

Güneş batıya doğru kaydığında, hurdacının hazırladığı çantaları alıp yola koyuldular. Bir tek Emre kendi çantasını taşıyordu. Üstelik fen projesi için yaptığı bumerangının çantası su aldığı için çalışmadığını bile bile.

"Yine yollara düştük, yine yürüyoruz..." diye şikâyet edip duruyordu Emre.

Suları ve yemekleri olduğundan bu defa yolculukları

kolay geçiyor sayılırdı. Sık sık kısa molalar veriyor. Konuşarak yorgunluklarını unutmaya çalışıyorlardı. Hatta bir tepeden aşağıya kayarak inme yarışı bile yaptılar. Kaç kilometre yürüdüklerini bilmiyorlardı ama güneş batmış, yıldızlar ve ay çıkmıştı bile. Serin havada yürümek daha kolay olduğundan kamp kurmamaya karar verdiler.

Ay da gökyüzündeki yerini değiştirince çocuklar da bir adım daha atamaz hâle geldiler. Hareketleri yavaşlamış, nefesleri hızlanmış, bacakları ağrımaya başlamıştı. Can'ın kolu yorulduğu zaman daha fazla ağrıyordu.

"Emre, o ağrı kesici bantlardan daha var mı çantanda?" diye sordu acı içinde.

Emre hemen çantasını açtı. Bantlar su geçirmez paketlerde olduğundan bir tane daha verdi Can'a.

Can'ın eli yorgunluktan ve çektiği acıdan titriyordu. Bunu gören Nazlı Can'ın yardımına koştu ve bandı onun koluna yapıştırdı. Can'ın kolu o kadar çok ağrımaya başlamıştı ki Nazlı'nın koluna dokunuşunu fark etmemişti bile.

"Kamp kuralım mı?" diye sordu Doğan.

"Kuralım." dedi bitkin bir şekilde Emre.

Nazlı, "Yalnız, gittiğimiz yöne doğru bir işaret koyalım. Sabah kalkınca, kum tepelerinin yer değiştirmeleri yüzünden yine kaybolmak istemiyorum." dedi.

Bu öneri hepsinin hoşuna gitti. Ağır oldukları ve rüzgârda uçmayacaklarını bildikleri için çantaları arka arkaya dizdiler ve gidecekleri yönü anlayabilmek için de öndeki çantayı yatay bir şekilde koydular. Artık biraz uyuyabilirlerdi.

Arama kurtarma ekibi de mola vermişti. Aslında durmaktan başka seçenekleri kalmamıştı. Fanusta geçirdikleri zaman içerisinde, arabayı şarj olmuş bir başkasıyla değiştirmeyi akıl edemediklerinden araçları durmuştu. Araba ancak güneş enerjisi ile şarj oluyordu. Bu da sabaha kadar "zorunlu kamp" demekti. Aslında, beklenmedik bu mola isabet olmuştu çünkü çölde gece yolculuk yapmak tehlikeli olabilirdi. Geceleri hortumlar görünmezdi. Zaten bu yüzden de çocuklar, onları sürükleyen hortuma habersiz yakalanmışlardı. Aslında ekiptekiler, daha önce hiç dış dünyada bulunmamış bu çocukların hâlâ yaşıyor olduklarına inanmıyorlardı. Vericiden aldıkları sinyallerin de durup durup hareket etmesi, atenölçerin bir hayvan tarafından yutulduğu anlamına gelebilirdi.

Arama kurtarma ekibindeki dört kişi, aradıkları çocuklar gibi gittikleri yönü işaretleyip uyku tulumlarının içine girdiler. Çok geçmeden de uyudular.

Çocuklar gece yarısı çok yakınından gelen bir hışırtıyla uyandı. Yattıkları yerden öyle hızlı kalkmışlardı ki, bedenlerinde uykudan eser kalmamıştı. Ani hareketleri, çığlığın sahibi olan üç çift fosforlu yeşil gözün kendilerine bakmalarına yol açmıştı. Bu gözler hiç de iyi bakmıyordu.

"Bunlar da ne böyle?" diye korkuyla fısıldadı Emre.

"Yüzdük yüzdük kuyruğuna geldik, bu hayvanlara yemek olmak için mi yani?"

"Hişşşt!.." dedi Doğan.

Emre, "Keşke arabadan uzaklaşmasaydık." deyince Doğan onun omzuna bir yumruk vurdu.

Emre, "Ah!" diye bağırınca da, Doğan eliyle onun ağzını kapattı.

Gözler hareket etmeye başlamıştı. Çocuklar bu hareketlenme karşısında ne yapacaklarını bilemediler. Nazlı şaşkınlık içindeydi. Can onun elini tuttu ama o da ne yapacağını bilemiyordu.

Fosfor yeşili gözler yaklaştı, yaklaştı, yaklaştı... Çocuklar artık ölmeyi bekliyordu. Sıkı sıkı el tutuştular. Saatler gibi gelen bir süre beklediler ama ne yanlarına gelen ne de onları ısıran bir yırtıcı hayvan vardı.

Can cesaretini toplayarak tek gözünü açtı. Açmasıyla da fosfor yeşili gözün biriyle göz göze geldi. Korkuyla gözlerini yeniden sıkı sıkı yumdu. Yanlış olan bir şey vardı. Eğer gözler bu kadar yakındaysa neden hayvan onu ısırmıyordu?

Can bir defa daha cesaretini toplayarak gözlerini açtı. Bu kez fosforlu iki göz ona bakıyordu. Sonra, gözler birbirlerinden uzaklaştı, sonra yeniden yakınlaştı. Sonra biri başka yöne doğru gitti. Can gözlere daha dikkatli bakınca onların aslında ateş böceği olduğunu anladı. Kocamandılar ama ateş böcekleriydiler. Ne kadar tehlikeli olabilirlerdi ki? Çok rahatlamıştı.

"Gözlerinizi açın çocuklar. Bugün ölmeyeceğiz." dedi gülerek.

"Neden?" diye sordu Nazlı. "Ne oldu ki?"

"Bunlar ateş böceğiymiş. Hani şu Eski Dünya Resim Sergisi'nde gördüklerimizden."

Emre, "Onlardan hâlâ var mıymış?" diye sordu hayret içinde.

Can, "Görünüşe göre varmış ama biraz irileşmişler." dedi.

"Belki de Dünya kendini iyileştirmeye başlamıştır." dedi Doğan ondan beklenmeyen bir hassaslıkla.

"Belki." dedi Nazlı yerine uzanırken. "Haydi uyuyalım."

Tam o anda Doğan yapmaması gereken bir şey yaptı ve ateş böceklerinden birini eliyle kovalamaya çalıştı. Doğan, doğadaki ilk kuralı unutmuştu: Sana zarar vermeyen bir varlığa zarar verme ya da tehdit oluşturma. Kendini tehlikede hisseden büyük ateş böceği, Doğan neye uğradığını anlayamadan onu elinden soktu.

İlk başta böcek sokmasını önemsemeyen Doğan, birkaç saniye sonra eli zonklamaya başlayınca elini şiddetle sallamaya başladı. Âdeta elindeki zehiri dışarıya bu şekilde atmaya çalışıyordu.

Can ona doğru koşarak, "Ne oldu? Ne oldu?" diye bağırdı.

Kendini yere atan Doğan, “Ateş böceği beni soktu!” diye bağırdı.

Emre hemen çantasını açtı ve annesi adrenalin iğnesi ya da amonyak koymuş mu diye baktı. El yordamıyla bulamayınca çantadakileri yere boşalttı. İşe yarar bir şey yoktu. Annesi böcek sokmasına karşı amonyak türü bir ilaç koymayı atlamıştı.

Emre hemen ayağa kalktı ve diğerlerinin hayret dolu bakışları karşısında tulumunun fermuarını açmaya başladı. Fermuarı bel altına kadar açınca Nazlı büyük bir şaşkınlıkla haykırdı.

“Ne yapıyorsun Emre!”

Emre nefes nefese kalmış bir şekilde, “İdrar, idrarda amonyak vardır!” dedi.

Nazlı onun ne yapmaya çalıştığını anlayınca arkasını döndü ve bu yetmiyormuş gibi gözlerini elleriyle sıkı sıkı kapadı.

Doğan, “Elimi kesin!” diye bağırıp acı içinde kıvranırken Emre’nin ne yapmak üzere olduğunu fark etmemişti bile.

Emre, “Can, Doğan’ın elini sabit tut!” diye talimat verdikten sonra, ateş böceğinin soktuğu yere çişini yaptı.

İdrar eline değdikten birkaç saniye sonra Doğan’ın can acısı azalmış, elindeki kızarıklık küçük kırmızı bir şişlik hâlini almıştı.

"Bir de anneme paranoyak dersiniz." dedi bir kez daha Emre, fermuarını yukarı doğru çekerken.

Arkası dönük, elleri hâlâ gözlerinde olan Nazlı, "Onu biz değil, sen diyorsun." dedi yine.

Can, "Artık gözlerini açabilirsin." dedi Nazlı'ya gülümseyerek.

Nazlı gözlerini açıp Emre'ye, "Bu da neydi?" diye sordu.

Emre kibirli bir şekilde, "Annem bana idrarın en iyi böcek sokması ilacı olduğunu söylemişti. İdrarda amonyak olduğundan en iyi antiseptikmiş. Eskiden adrenalin iğneleri falan yokmuş. Doğada yaşayan insanlar, böcek sokunca zehrin üzerine idrar sürerek zehrin vücuda yayılmasını önler, onu etkisiz hâle getirirmiş." diye bilimsel açıklamasını yaptı.

Zonklaması hayli azalan Doğan ise eline vebalıymış gibi bakıyordu. Elini yıkamak için su da yoktu. Üstelik elinde kötü ve keskin bir koku da vardı.

"Elini sakın bir yere sürme!" diye uyardı onu Emre. "İdrar bir süre elinde kalmalı."

Doğan'ın ona şüpheyle baktığını görünce, "Güven bana, bir süre sonra elinde hiç acı kalmayacak." dedi. Aslında acının tamamen yok olup olmayacağını kendisi de bilmiyordu ama Doğan'ın elinde idrarla oturması hoşuna gitmişti. Başını başka tarafa çevirip zevkle gülümsedi.

Çok geçmeden Emre'nin haklı olduğu ortaya çıktı. Doğan'ın zonklamaları yok denecek kadar azalmıştı. Emre'ye bakarak ona gülümsedi.

"Teşekkür ederim." dedi minnettar bir şekilde.

Emre de, "Önemli değil." diye yanıt verdi. "Arkadaşlar ne içindir?"

Doğan bu sözlere gülümsedi. Hep birlikte biraz önce uyudukları yerlere uzandılar. Hepsinin gözü ateş böceklerindeydi. Nazlı'nın aklından, Doğan'ı sokmuş olsalar da ateş böceklerinin çok güzel göründüğü geçiyordu. Eski Dünya harika bir yer olmalıydı. Kim bilir kaç çeşit bitki ve hayvan türü vardı insanlar doğayı tüketmeden önce. Doğanın, şimdi üzerine uzandıkları kuma dönüşmesi ne kadar yazıktı. Gözleri, ateş böceklerini izlerken, yavaş yavaş kapandı ve uykusuna kaldığı yerden devam etmeye başladı.

Birkaç dakika sonra Emre ve Can da onu izledi. Doğan ise sabaha kadar ateş böceklerine baktı.

9. Bölüm

Arama kurtarma ekibi elemanları sabah kalktıklarında arabanın hızla şarj olamayacağını anlamış ve vericideki sinyalin geldiği yere yürümeye karar vermişti. Sinyal o kadar da uzaktan gelmiyordu. Şafak söker sökmez yola çıkmışlar, bir süredir aynı noktayı gösteren sinyale doğru hızlı adımlarla yürümeye başlamışlardı. Birkaç dakika sonra sinyalin bulunduğu yere varacaklarını varsayıyorlardı.

Ekip, sinyale varmak için aşacakları kocaman bir tepeyi görünce biraz soluklanmak için durdu. Enerjilerinin tükenmemesi için su içmeliydiler. Sinyal vahşi bir hayvanın midesinden değil de çocuklardan geliyorsa ve eğer yaralı ya da yürüyemeyecek hâlde iseler onlara yardım edebilmek için güçlerini korumalı, kısa bir mola verip su içmeliydiler.

Tepe'nin öte tarafında ise çocuklar uyanmış, kahvaltı etmiş, yola çıkmaya hazırlanıyorlardı. Doğan'ın elinin şişliği inmişti, ağrısı da yok denecek kadar azdı. Can'ın kolu da daha az ağrıyor gibiydi ama dikkatlice bakıldığında kolunun şiştiği fark ediliyordu. Çocukların üstü başı -nanoteknikler daha hortum sırasında kısa devre olduklarından- toz ve kir içindeydi. Tepeyi tırmanmak herkese zor geliyordu artık. Hepsi, tepeye şöyle bir baktı. Tepe gözlerinde öyle büyümüştü ki küçük bir kum tepesi olmaktan çıkmış, dev bir dağa dönüşmüştü sanki.

Nazlı, "Emre, senin şu bumeranglı video aletin çalışır mı acaba?" diye sordu.

"Bilmem." dedi Emre.

"Bir denesen." diye devam etti Nazlı.

Emre, çantasından bumerang kamerasını çıkartıp gözden geçirdi. Yüzündeki heyecan ve gülümsemeden aletin çalıştığı anlaşılıyordu. Onu biraz güneşe tuttu, böylece alet güneş enerjisi toplayacak, fırlatıldığında çekim yapabilecekti.

Bir iki dakikalık güneş depolamak aletin çalışmasına yetmişti. Emre, bumerangı bir ucundan tutup kolunu geriye çekerken diğer üçü nefeslerini tutmuş, onu seyrediyorlardı. Emre kamerayı tepeye doğru çevirdi ve büyük bir hızla bumerangı havaya fırlattı. Alet döne döne yukarıya çıktı ve aynı şekilde geri gelerek Emre'nin eline ulaştı.

Çocuklar büyük bir merakla bumerangın üzerindeki kamerayı seyretmeye başladılar. Seyrettiler seyretmesine de gördüklerine bir anlam veremediler çünkü kayıt cihazı herşeyi dönerek kayıt etmişti. Görüntülerde, karartılar ve iç içe geçmiş sarı renkten başka bir şey yoktu.

Bu durum karşısında Emre'nin yüzünün aldığı ifade diğerlerini çok eğlendirmiş ve gülmeye başlamışlardı. Emre başarısızlığın verdiği kızgınlıkla bumerangı çantasına geri koydu. İşte tam da o anda tepenin üzerindeki adamları gördüler.

İçlerinden gördüklerine inanmak gelmiyordu çünkü bunun başlarına güneş çarpması yüzünden beyinlerinin oynadığı görsel bir aldatmaca olduğunu düşünüyorlardı.

"Tepenin üzerinde birilerini görüyor musunuz?" diye sordu Doğan.

"Adamlar gibi mi?" diye devam etti Emre.

"Serap mı görüyoruz acaba?" diye sordu Nazlı.

Can'dan ise hiç ses çıkmıyor, tepeden koşarak ve kayarak inen adamlara inanmaz gözlerle bakıyordu.

Adamlardan biri gelip Emre'nin omuzuna dokunarak, "İyi misiniz?" diye sordu nefes nefese.

Emre adam omuzuna dokununca duruşunu değiştirmeden, "Bana dokunuyor!" dedi.

Adam endişeli bir şekilde, "Durumları iyi değil galiba!" dedi diğer ekip üyelerine.

Nazlı uzanıp adamın kolunu tuttu ve heyecanla, "Hayal değil, gerçekler! Gerçekler! Bizi buldular!" diye bağırmaya ve hoplayıp zıplamaya başladı.

Bundan sonra arama kurtarma ekibindekiler çocukların sağlık durumlarını kontrol ettiler. Doğan'ın eline ilaç sürdüler. Can'ın koluna da doğru dürüst bir bandaj bağladılar. Ekipteki sağlık görevlisi Can'ın kolunun durumunu hiç beğenmemiş, acilen bir hastaneye götürülmesi gerektiğini söylemişti.

Zaman kaybetmeden fanusa doğru yola çıktılar. Arama kurtarma ekibinin lideri fanusu arayıp ailelere çocukları

bulduklarını söylediğinde telsizden sevinç çığlıkları duyan çocuklar duygulanmış, hepsinin gözleri mutluluktan yaşarmıştı.

Fanusa gitmek sandıkları kadar kolay olmadı. Hortuma yakalandıkları yeşil alanda onları büyük bir sorun bekliyordu: Bir yangın... Tam yeşil alanı gördük diye sevinirken diz boyu otların arasından duman çıktığını fark etmiş, yaklaşınca da yangının sandıklarından büyük olduğunu anlamışlardı.

Artık düşünüp üzülmeye ya da çaresiz çaresiz bakmaya zaman yoktu. Ekip üyeleri zaten dünyada pek az bulunan yeşilliklere koşup söndürme çalışmalarına başlamıştı. Çocuklar adamları izliyor onlar gibi yapmaya gayret ediyordu. Ayakkabılarını çıkartmış, içlerine kum doldurup alevlere atmaya başlamışlardı.

Kumun altında oksijen alamayan alevler yavaş yavaş sönmeye başladı.

Yangının tamamen söndüğüne karar verince ekip lideri dışında herkes kendisini kuma attı. Gerçekten çok yorulmuşlardı. Ekip lideri elinde küçük, şeffaf bir cam parçasıyla geldi.

"İşte size suçlu?" dedi.

"Bu cam parçası mı suçlu?" diye sordu Emre.

Ekip lideri, "Evet. Cam kırıkları güneşten gelen ışını bir noktaya toplar ve diğer tarafa yoğun bir şekilde iletir. Bu yoğun ışın altındaki otlar tutuşur ve yangın çıkar." diye anlattı.

"Küçücük bir cam nelere neden olabiliyor!" dedi Nazlı sesindeki üzgün tınıyla.

Ekipten başka biri, "Herhalde burada hortum olduğunda bir şeyler kırıldı." dedi cam parçasının orada olma nedeni hakkında varsayımda bulunarak.

Güneş, etkisini kaybedene kadar orada beklediler. Arama kurtarma ekibindekiler çalılıkların tekrar alev almasından korkmuştu. Güneş batmadan önce ve çalılıklardan duman çıkmadığından emin olunca hep birlikte ayağa kalktılar. Karanlık basmadan kauçuk torbalarla kaydıkları tepeyi aşmaları gerekiyordu. Yoksa bir gece daha çölde uyumak zorunda kalacaklardı. Bu düşüncenin uyandırdığı korkuyla hızlı hızlı yürümeye başladılar.

Tepeyi aştıklarında hava kararmıştı. İleriye doğru baktıklarında karanlığın içinde kocaman bir yıldız gibi parlayan fanusu gördüler. Bu güzel ve sıcak görüntü, o ana kadar yaşanan bütün korku ve gergin olayların çocukların üzerinde bıraktığı olumsuz etkilerin yüzeye çıkmasına yol açtı. Hepsi ağlamaya başlamıştı. İçlerinde aniden yükselen ve bastıramadıkları bir heyecanla ağlayarak tepeden aşağı koştular.

Arkada kalan adamların onlara durmaları için bağırdıklarını hayli koştuktan sonra duyabildiler. İstemeye istemeye durduklarında adamların arkalarından koşmaya çalıştıklarını ama nefessiz kaldıklarını fark ederek şaşırdılar. Eve varmak üzere olmanın verdiği sevinç onlara öyle bir güç vermişti ki, hızlı koştuklarının farkına bile varmamışlardı.

Adamlar yetişince, daha sakin ama yine de hızlı adımlarla fanusa doğru yürümeye başladılar. Hiç kimse gözünü fanustan ayırmıyordu. Gözlerini kırparlarsa veya kaçırırlarsa fanusun ortadan kaybolacağından korkuyorlardı.

Ne kadar zaman yürüdüklerini bilmiyorlardı ama fanusa yaklaştıkça, fanus uzaklaşıyormuş gibi gelmeye başlamıştı çocuklara. Arama kurtarma ekibi, yürümeye alışık olduklarından, artık son enerji kırıntılarını harcayan çocukların kollarına girmiş, onları fanusa doğru âdeta sürüklüyorlardı. Can, onların bu anlayışlı tavrına minnet duydu çünkü onlar olmasa eve bu kadar yakınken oracıkta yere yığılıvereceğinden emindi.

Telsizden haber alan veliler, bu tehlikeli maceraya atılmadan hemen önce, dış dünyayla tanıştıkları metal kapıda çocukları bekliyorlardı. Çocuklar uzaktan göründüğü an tünelden çıkmışlar ve neredeyse bir haftadır kayıp olan çocuklarına doğru koşmaya başlamışlardı. Anneler ağlayarak, babalar ise güçlerini bacaklarına yönlendirerek daha önce hiç koşmadıkları kadar hızlı koşuyorlardı.

Anne ve babalarını gören çocuklar da nereden geldiğini anlamadıkları bir kuvvetle, kendilerini tutan ve destek veren ellerden kurtulup velilerine doğru koşmaya başladı. Velilerle çocuklar ortada bir yerde buluştuklarında hiç ayrılmayacakmış gibi birbirlerine sarıldılar. Bir süre sarılıp, koklaşıp, öpüştükten sonra çocuklar, anne ve babalarının destekleri ile fanusa doğru yürümeye başladılar.

Tünelden geçip servis araçlarının bulunduğu yere geldiklerinde, çocukları çok büyük bir kalabalık bekliyordu. Çocuklar tünel kapısından fanusa girer girmez kalabalıktan olağanüstü bir alkış koptu. Anlaşılan kimse onları sağ beklemiyordu. Aslında şimdi düşününce kendileri de sağ kaldıklarına ve eve ulaştıklarına inanamıyordu.

Servis aracına bindiklerinde Can, Doğan'ın annesinin gelmediğini fark etti. Annesi oğlunun nereye baktığını görünce Can'ın başını okşadı.

"Canın yanıyor mu oğlum?" diye sordu.

Can'ın konuşacak gücü kalmadığından gülümseyerek "hayır" anlamında başını sağa sola salladı. Doğan'a bir defa daha baktı ve kendisini zorlayarak, "Doğan'ın annesi nerede?" diye sordu.

Annesi, Can'a üzgün bir şekilde bakarak, "Onun annesi yok canım." dedi.

Can, Doğan'ın annesinin olmamasına üzülmüştü ama o kadar yorgundu ki bunun üzerinde fazla düşünemedi. Anne ve babasının kolları arasında çok güvende görünen Nazlı kendisine gülümsediğinde gerçekten evde ve güvende olduklarından emin oldu. Annesinin sıkı sıkı saran kolları ve babasının başını okşayan eli ona tarifsiz bir mutluluk vermişti. Gözleri kapanırken Emre'nin anne ve babasının boynuna hiç bırakmamak isteğiyle sarılışını gördü.

"Zavallı miniğim." dedi annesi Can'ın baygın hâline üzülerek.

Babasının da sesi titriyordu. "Önemli olan sağ salim eve dönmüş olmaları." dedi karısını sakinleştirmek için.

"Kolu çok kötü gibi." dedi annesi endişeyle.

"Merak etme, hastanede onu hâllederler." diye konuştu babası.

"Bir daha asla dışarıya çıkmasına izin vermeyeceğim!" dedi annesi.

"Haklısın..."diyordu ki babası, Can derin bir uykuya daldı. Çöl macerasının bütün yorgunluğu üzerine çökmüş, onu rüya bile göremez bir hâlde baygın düşürmüştü.

10. Bölüm

Can gözlerini açmak istiyordu ama sanki göz kapaklarının üzerinde ağırlıklar vardı. Yine de büyük bir çaba harcayarak gözlerini yavaş yavaş araladı. Işık gözlerini acıtınca tekrar kapattı. Sonra yine araladı gözlerini. Bir süre bu konumda kaldıktan ve ışığa alıştıktan sonra, göz kapaklarını tamamen açtı.

Nerede olduğunu anlaması biraz zaman aldı. Beyaz renkli oda ve nefes almasına engel olan burnundaki hortumlar ve kolunu oynattığında acı duyması onu biraz kendine getirdi. Can'ın hareketlenmeye başlaması, yatağın yanındaki koltukta uyuklarken bile oğlunun serum takılı kolunu tutan annesini de uyandırdı.

"İyi misin?" diye sordu annesi.

Uzun süre susuz kalındığından cızırtılı çıkan kısık bir sesle, "Evet anne." dedi Can.

Annesi oğlunun alnını okşadı ve onu iki gözünden de öptü. "Seni kaybettim sandım." dedi ağlamaklı bir şekilde. "Dışarıda hayatta kalabildiğinize hâlâ inanamıyorum."

Can, "Ben de!" derken aklına arkadaşlarıyla birlikte neler yaşadıkları geldi. "Ne zaman eve gideceğiz?" diye sordu sabırsızlıkla.

Ona sevgiyle gülümseyen annesi, "Baban doktorla konuşur konuşmaz." dedi.

Tam o anda babası doktorla birlikte içeriye girdi. Oğlunu uyanmış görünce adımlarını sıklaştırıp bir çırpıda yatağın yanına geliverdi.

"Nasılsın bakalım?" dedi hafifçe oğlunun yanağını sıkarak. "Bayağı şey yaşamış gibisin. Bütün bir yıl, ışıklar söndükten sonra hikâyeni anlatırsın artık."

Babası doğru söylüyordu. Işıklar söndüğünde anlatılacak türden hikâyesi vardı artık Can'ın. Hatta bu hikâyeleri yazabilirdi de. Kitabın adını da "Güneş Gezegeni" koyardı... Bu düşünceye güldü.

Annesi, "Ne oldu? Niye güldün?" diye sordu.

Can, "Sanırım, ne olacağıma karar verdim!" dedi.

Babası, "Ne olacaksın?" diye sordu.

"Yazar olacağım." dedi Can.

Doktor bu konuşmayı gülümseyerek dinledikten sonra, "Sanırım bu gezgin yazar artık eve çıkacak kadar iyileşti. Çıkış işlemlerinizi yapayım." dedi ve odadan çıktı.

Can annesinden, arkadaşlarının da iyi olduğunu ve eve çıkacaklarını öğrenince kendisini biraz daha iyi hissetti. Kimseye kalıcı bir zarar gelmemiş olmasından mutluydu. Nazlı'yı neredeyse kaybedecekleri aklına gelince, rengi solar gibi olduysa da onun şimdi emniyette olduğunu hatırlayarak morali yerine geldi.

Bir saat sonra Can hastaneden çıkmış evdeki yatağında

yatıyordu. Annesi bir bardak ılık süt getirdiğinde, Can'ın yüzünde mutlu ve huzurlu bir gülümseme vardı.

"Al bakalım." dedi annesi. "Bunu hak ettin."

Can ılık sütün tadını çıkartmak için gözlerini kapayarak yavaş yavaş içti. Bardağı dudaklarından ayırmadan bitirdi sütü. Bardağı annesine uzatırken, üst dudağının üzerinde beyaz süt bıyığı olmuştu.

Annesi oğluna bakıp sevgiyle gülümsedi. "Bizi çok korkuttun." dedi.

"Acaip şeyler yaşadık anne." diye başladı Can anlatmaya.

Annesi yatağın yanında, sonradan odaya gelen babası yatağın ayak ucunda, başladılar Can'ın dış dünya maceralarını dinlemeye. Hortumun nasıl onları yuttuğunu ve çölün bir yerine attığını, Nazlı'nın kum çukurlarından nasıl su ürettiğini, Doğan'ın yılan öldürüp onları beslediğini, girdabın içine çekilmelerini, yer altı mağarasını, yarasaların saldırısını, saatlerce sürüklendikleri yer altı nehrini, denize çıkmalarını ve Nazlı'nın boğulma tehlikesi geçirmesini, hurdacı adamı, Emre'nin çöl aracını kullanırken kuma saplanmalarını, Doğan'ın ateş böceği tarafından sokulmasını, Emre'nin onun eline çiş yapmasını, yeşillik alandaki yangını söndürmelerini ballandıra ballandıra anlattı Can.

Onu dinleyen anne ve babasının yüzleri şekilden şekle girdi. Can'ın anlattıkları inanılmaz gibi gelse de oğulları hiç yalan söylemediğinden çaresizce ona inanmak zorunda kaldılar. Yine de içlerinden, "Acaba abartıyor mu?" diye sordular. Can'ın bütün bu anlattıklarını yaşarken kolunun da kırık olması öyküyü daha inanılmaz hâle sokuyordu.

Can anlattıkça anlatıyor, ayrıntı üzerine ayrıntı hatırlıyordu. Annesi onun yine yorgun düşmesinden korkup ayağa kalktı. Elini oğlunun yanağında gezdirdikten sonra ona gülümsedi.

"Bu inanılmaz macerayı bize yine anlatırsın. Ama, şimdi biraz uyumaya çalış." dedi ve eğilip oğlunu alnından öptü.

Babası da, "Biliyor musun, neden yazar olmaya karar verdiğini şimdi daha iyi anlıyorum. Bu öykü gerçekten de yazılmalı." dedi.

Can aniden hurdacının onlardan istediklerini hatırlayıp, "Anne, baba, hurdacının arabasının geri götürülmesi gerekiyor. Bir de telsiz istemişti bizden. Yetkililere bildirir misiniz lütfen?" dedi.

Anne ve babası başlarını sallayarak odadan çıktığında Can gözlerini tavana dikip düşünmeye başladı. Fanustaki güvenli yaşantısına dönünce dış dünyadaki hayatın ne kadar zorlu olduğunu daha iyi anlamıştı. Artık geçmişteki teknolojinin ve bu teknolojiyi kullananların dünyayı nasıl yok olmanın kıyısına getirdiğini biliyor, şimdi neden daha az teknoloji kullanarak yaşamaya çalıştıklarını daha iyi anlıyordu. Aslında, arkadaşlarıyla çölde yaptığı bu tehlikeli yolculuk ona tarih dersinden ya da Eski Resim Sergisi'nden daha çok şey öğretmişti. Çöl deneyiminde çok zorlanmış olsa da şimdi baktığında eski ve yeni hayatı, fanus ile dış dünyadaki yaşantıyı başka türlü kıyaslayamayacağını anlamıştı.

Can, bütün bu derin düşüncelerin kendisini yorduğuna karar verdi ve annesinin önerisini dinleyip biraz uyuması gerektiğini düşündü. Ne de olsa bu konuları düşünecek uzun yazarlık yılları vardı önünde.

Birkaç gün sonra "çöl fatihleri" zorlu yolcuklarından toparlanmış olarak okula geri döndüler. Can okula yürürken yolda ona gülümseyen ve tebrik etmek isteyen coşkulu insanlarla karşılaştı. Okula yaklaşınca, Emre, Nazlı ve Doğan'ın onu bir köşede beklediklerini gördü ve adımlarını sıklaştırıp fanusa geldiklerinden beri ilk defa görüşeceği arkadaşlarının yanına gitti.

Hepsi de iyi ve sağlıklı görünüyordu. Okulun bahçesine birlikte girdiklerinde diğer öğrenciler ve öğretmenler başlarını onlardan tarafa çevirmişler ve samimi bir şekilde gülümseyerek cesaretlerinden dolayı onları alkışlamaya başlamışlardı.

"Kahraman olduk!" dedi Emre arkadaşlarına göğsünü kabartarak.

"Saçmalama!" diye yanıt verdi ona Can. "Hayatta kaldığımıza seviniyorlar o kadar!" derken de kahraman olma fikrinin daha fazla hoşuna gittiğini düşünüyordu.

Doğan Emre'nin kulağına eğilerek, "Eğer elime çiş yaptığını birilerine söylersen, seni mahvederim!" diye tehdit etti onu.

Emre, muzip bir gülümsemeyle bakarak, "Eğer her öğlen bana kekini verirsen, kimseye söylemem." dedi.

Doğan ona pis pis bakarak, "Anlaştık." demek zorunda kaldı.

Alkışlar ve coşkulu ıslıklar arasında coğrafya dersinin olduğu sınıfa girdiklerinde Deniz Öğretmen onları gözyaşları içinde karşıladı. Yanlarına gelip her birine teker teker sarılıp öptü. Sanki bir şeyler değişmişti. Herkes duygularını daha rahat gösterir olmuştu. Can bunun hep böyle olmasını istedi.

Sıralarına henüz oturmuşlardı ki, Deniz Öğretmen onları yanına çağırıp çölde başlarına gelenleri anlattırdı. Söze kimin başlayacağına birbirlerine bakarak karar verdikten sonra, Can başı çekti ve bir masalcı edasıyla, ballandıra ballandıra anlatmaya başladı çölü. Birinin sustuğu yerden diğeri devam ediyordu öyküyü anlatmaya ve sıralardaki öğrencilerin gözleri hayretle açılınca daha da abartıyorlardı başlarından geçeni.

Öğrencilerin yüzündeki hayret, merak, tiksinti, korku ifadeleri, Can'ın kahraman olmaktan daha çok hoşuna gitmişti. Arkadaşlarıyla yaşadıkları macera herkesi derinden etkilemişti. Üstelik Emre ve kendisi gibi ders makinesi olarak algılanan, veya Doğan gibi okulun zorbası olarak bilinen kişilerin, bir birlik olup böylesine çetin doğa koşullarında hayatta kalabilmelerine inanamıyorlardı sınıftakiler.

Anlatacak başka bir şeyleri kalmayınca, sınıfın önünde gülümseyerek durdular ve öğrencilerin yüzlerini incelemeye başladılar. Kısa bir süre için hiç kimse konuşamamış, hareket edememiş ve alkışlayamamıştı. Deniz Öğretmen başı çekince, bütün sınıf büyük bir gürültü koparak alkışlamaya başladı.

Sırasına oturduğunda Can birkaç gündür aklını kurcalayan bir soruyu hatırladı ve Deniz Öğretmen'e, "Öğretmenim, böyle kurak bir ortamda ve çölün altında bir sualtı nehrinin ne işi var?" diye sordu.

Deniz Öğretmen, ona sevgiyle bakarak, "Aslında o bir yer altı nehri değil." dedi. "Dünya çölleşmeye başlayınca, yeryüzündeki tatlı su kaynakları sıcak hava yüzünden buharlaşıp yok olmaya başladı. Bizden iki nesil önce yaşayan insanlar, hayatta kalabilmek için kirli suyu arındırarak temizlenen suyu bir barajın içinde toplamayı akıl ettiler. Su buharlaşıp uçmasın diye de barajı yer altında inşa ettiler. Aslında fanusta kullandığımız suyun bir miktarı da sizin keşfettiğiniz barajlardan sağlanıyor."

"Başka yer altı barajları da mı var?" diye sordu Emre.

"Evet. Hatta fanusun altında da var. Sizin sürüklendiğiniz nehir ise, baraj dolunca bırakılan fazla su."

"Ama su denize akıyor öğretmenim, bu temiz suyu da depolayacak bir yer yok mu?" diye sordu Nazlı.

"Aslında var. Şelalenin sizi attığı büyük su birikintisi, nehirden akan suyun birikmesi gereken yer. İçine çekildiğiniz ve sizi denize taşıyan dar tünel ise orada olmamalıydı. Sanırım, o tünel zaman içinde aşınan yer altı duvarının denize doğru açılmasıyla meydana gelmiş." diye açıkladı Deniz Öğretmen. "Merak etmeyin, yetkililere haber verildi, o tüneli tamire başlamışlardır bile. Sizin sayenizde, temiz suyumuzun boşa aktığını öğrendik çocuklar. Teşekkür ederiz." dedi Deniz Öğretmen.

"İyi bari bir daha yer altındaki şelaleden düşersek, bizi nerede bulacaklarını bilecekler." dedi Emre. Bu sözlere bütün sınıf güldü.

Öğle arasında da diğer öğrencilerin onlara karşı tavırları değişmemişti. Dört kafadar bu durumdan oldukça mutluydular. Yemeklerini alıp her zaman oturdukları masaya oturunca yanlarına oturmak isteyen bir sürü öğrenci olmuştu.

Doğan'ın arkadaşları onun neden kendileriyle oturmadığını merak etmiş hatta içerlemişlerdi. Mert, Burak'tan ayrılıp kabadayı bir yürüyüşle yaklaşarak Doğan'ın arkasında durduğunda herkes merakla ne söyleyeceğini bekledi.

Mert, "Bakıyorum yeni arkadaşlar edinmişsin... Bizi bir kenara mı attın?" diye ters ters sordu.

Doğan, önce buna nasıl yanıt vereceğini bilemedi ve kısa bir süre sessiz kaldı. Mert'in omzuna elini koymasıyla, "Artık bu masada oturacağım." dedi.

"Haydi canım, bu solucanlarla mı?" diye sordu Mert bu defa.

Doğan kızarak ayağa kalktı ve Mert'e doğru dönüp onun üzerine doğru eğilerek, "Onlar solucan değil! Kitap kurdu olabilirler ama solucan değiller! Siz de onlara takılırsanız bir şeyler öğrenirsiniz belki!" diye bağırdı.

Mert korkmuştu ama bozuntuya vermeden, "Yapma ya! Çöl kumları senin beyninin olması gereken yerdeki boşluğa dolmuş herhâlde! diye güldü.

Can, "Mert, beni şaşırttın." dedi. "Bu harika bir cümle oldu. Kitabımda kullanmama izin verir misin?" diye sordu.

Mert bu sözlere çok kızdı ama nasıl karşılık vereceğini bilemediği için Doğan'a, "Hıh, ne hâlin varsa gör!" diyip diğer arkadaşının yanına gitti.

Can, artık Doğan'ın zorba kimliğinin altında, annesinin kaybından dolayı üzüntüsünü saklamaya çalışan yaralı bir çocuk olduğunu biliyordu. Onu daha iyi tanımaya başlamış ve hiç de kötü biri olmadığını anlamıştı. Bu olaydan bir ders daha çıkartmıştı aslında: Hiç kimseye görüntüsünden dolayı bir kimlik yakıştırılmamalıydı.

Doğan yerine oturup Emre'nin bir süredir baktığı kekini ona verince, Can daha da şaşırdı. Emre'nin buna itiraz etmemesine de bir o kadar hayret etmişti. Görünüşe göre herkesin karakteri biraz değişmişti.

Can'ın bakışlarını yakalayan Doğan, Emre'yi işaret ederek, "Kekimi ona vermezsem, elime çiş yaptığını herkese söylemekle tehdit etti beni." dedi masum bir ifadeyle.

Nazlı, "Emre, bunu nasıl yaparsın?" diye azarladı Emre'yi.

Büyük bir iştahla keki midesine indiren Emre, "Boş ver Nazlı, bir haftadır yemediğim kadar tatlı bir kek yiyorum şimdi." dedi. Buna fazla söyleyecek şey yoktu, bu yüzden herkes güldü.

Okuldan sonra, Nazlı ve Can bir süre el ele tutuşarak yürüdüler. Nazlı'nın saçları her zamanki gibi kulaklarının önünde ve alnında bukle olmuştu. Can, onun bu hâline bayılıyordu. Nazlı'nın ona tatlı tatlı gülümsemesi ve kırık kolunu okşaması çok hoşuna gitmişti. Eğilip bu defa Can, Nazlı'yı yanağından öptü.

"Bu öpücük kız arkadaşım olduğun için." dedi.

Gece olduğunda ışıklar otomatik olarak sönünce Can yatağından kalktı ve odasının penceresinden belli belirsiz görünen karanlık çöle baktı. Durduğu yerden ne parlak yıldızlar ne de kum tepecikleri görünüyordu. Uzun zaman önce dış dünyanın harika bir yer olduğundan emindi artık. Karanlığın içine hüzünlü bir şekilde bakarken çölün değişip eski güzel, yeşil halini alıp almayacağını merak etti.

O akşam uzun bir süre pencereden dışarı, kendisinden bir parçayı bıraktığı yere, çöle baktı, baktı, baktı...

Bu Maceranın Sonu